承担适度风险，获得合理收益，

是永恒的商业经营之道！

大风控系列丛书

COSO与ISO
最新风险管理框架
全面解读

Introduction to the Latest Research of
COSO and ISO in Risk Management

孙友文◎著

国际理论+本土实践

COSO 企业风险管理框架 2017
ISO 31000 风险管理指南 2018
COSO 内部控制整合框架 2013

中国财经出版传媒集团
经济科学出版社
Economic Science Press

图书在版编目（CIP）数据

COSO 与 ISO 最新风险管理框架全面解读 / 孙友文著
. -- 北京：经济科学出版社，2023.5（2025.2 重印）
（大风控系列丛书）
ISBN 978-7-5218-4741-3

Ⅰ.①C… Ⅱ.①孙… Ⅲ.①企业管理-风险管理
Ⅳ.①F272.35

中国国家版本馆 CIP 数据核字（2023）第 076893 号

责任编辑：杜　鹏　常家凤
责任校对：隗立娜　郑淑艳
责任印制：邱　天

COSO 与 ISO 最新风险管理框架全面解读
孙友文　著
经济科学出版社出版、发行　新华书店经销
社址：北京市海淀区阜成路甲 28 号　邮编：100142
编辑部电话：010-88191441　发行部电话：010-88191522
网址：www.esp.com.cn
电子邮箱：esp_bj@163.com
天猫网店：经济科学出版社旗舰店
网址：http://jjkxcbs.tmall.com
固安华明印业有限公司印装
710×1000　16 开　17.25 印张　280000 字
2023 年 6 月第 1 版　2025 年 2 月第 2 次印刷
ISBN 978-7-5218-4741-3　定价：78.00 元
（图书出现印装问题，本社负责调换。电话：010-88191545）

推荐序

在当今充满挑战和不确定的环境中，管理风险是任何组织生存和可持续发展的必经之路。

在担任国际标准化组织（ISO）TC262 风险管理委员会主席期间，我们有幸与世界各地的风险管理专家合作，更新了 ISO 31000《风险管理——指南》，以及其他一批风险管理领域的国际标准。相信这套标准将指导组织更好地管理风险、支持决策，并在当前快速变化的环境中创造独特的价值。

作为 ISO TC262 风险管理委员会的成员，孙友文先生多年来致力于企业风险管理领域的理论研究与实践，曾多次代表中国参加 ISO 风险管理标准制定工作。我相信，他在本书中对这些最新标准和框架的深入解读与探索，将帮助中国企业更好地了解风险管理领域发展的前沿趋势与洞见，为中国企业开展风险管理提供更有针对性、更加本土化的参考。

杰森·布朗（Jason Brown）FISRM，FSyI，CSyP，FASLG

ISO TC262 风险管理委员会主席（2017～2023 年）

ISO TC292 安全和韧性标准澳大利亚代表团负责人

ISO 气候变化协调委员会成员

ISO SC27 网络安全委员会成员

自　序

历时三年的“新冠肺炎疫情”对全球任何一个国家来讲都是一场前所未有的考验，这场疫情注定将会成为进入21世纪以后社会发展的一个分水岭，前疫情时代与后疫情时代由此出现。

前疫情时代，虽然社会发展过程中偶有风浪扰动，但总体上还算在既定轨道上前行，发展的确定性和可预测性较高。后疫情时代，风险并没有跟随着疫情一并消退，错综复杂的风险环境反而愈演愈烈，地缘政治、区域战争、贸易制裁、极端气候、通货膨胀……各类事件不确定性极高、可预测性极差，我们仿佛再也回不到那个“平静”的前疫情时代了。

企业要想在后疫情时代的环境中生存和发展，组织的韧性及抗风险能力将会成为其核心竞争力。风险的话题从来没有像今天这样引人注目，好像我们每时每刻都沉浸在遍布“黑天鹅”“灰犀牛”的环境中，而这种遍布风险的环境，会帮助具备卓越风险驾驭能力的企业淘汰掉不合格的竞争对手。

虽然管理风险有时不只是门技术，更是一门艺术，但打好扎实的技术功底、掌握最新的理论趋势可以为更好地管理风险打下基础。

近几年，作为引领风险管理理论发展最具影响力的两大组织——国际标准化组织（ISO）和美国反欺诈财务报告委员会（COSO），均发布了最新的理论成果，为企业在当下不确定环境下的管理风险提供了最新指南和参考。

2017年9月，COSO发布了具有革命意义的新版《企业风险管理——整合框架》，从企业的使命、愿景入手，提出了基于企业核心价值创造活动自上而下的风险管理工作方法，协助企业更好地在不确定环境下实现战略和经营目标。

2018年2月，ISO发布了新版《风险管理——指南》国际标准，更加注重风险管理工作对组织价值创造和保护两个方面的作用，突出强调了将风险管理活动整合融入各类管理活动的重要性。

风险的本质是不确定性，所以管理风险就是管理不确定性，但管理不确定性的基础是首先要提高组织本身的确定性，那如何提高组织的确定性？答案是建立完善的内部控制体系。本书还介绍了COSO在2013年更新的《内部控制——整合框架》的内容，这是一本被中国企业界忽略的经典。

截至本书发行之日，本书的部分内容还未发布官方中文版文件，为了更好地把最新的风险管理和控制理念与要素融入中国的企业管理文化中，我曾经在公众号大风控上及时与全国的风控同仁们分享了这些观点，获得了广大同仁的支持和鼓励。

本书集合了我对以上三个体系的最新解读，我坚信这些理论在当下充满挑战的环境下将给中国企业带来特殊价值和意义，帮助我们在大变局时代更好地取得先机、争创世界一流。

孙友文

2023年4月

目　　录

第一部分

COSO最新企业风险管理框架解读

第1篇 COSO新版企业风险管理框架全文总览

一、2017版《企业风险管理框架》出台的背景

2017年9月6日，全球风险管理行业翘首以盼的美国反欺诈财务报告委员会（The Committee of Sponsoring Organizations of the Treadway Commission，COSO）正式发布了《企业风险管理——与战略和绩效的整合》[①]（*Enterprise Risk Management—Integrating with Strategy and Performance*）更新框架（以下简称新版企业风险管理框架），这是继2004年COSO正式公布《企业风险管理——整合框架》（*Enterprise Risk Management—Intergated Framework*，ERM）以来第一次对企业风险管理（ERM）框架进行修订，更确切地说是对ERM体系进行了大刀阔斧的改革及重新构思和设计。

在企业风险管理和内部控制理论研究领域，COSO有着举足轻重的位置，从1992年发布《企业内部控制——整合框架》（*Internal Control—Integrated Framework*）以来，作为在美国上市公司内控体系建设的指导框架，得到了美国证监会的推荐和认可，《萨班斯法案》第404条款的“最终细则”明确表明：COSO内部控制框架可以作为评估企业内部控制的标准。COSO内部控制框架因为成了美国证券交易委员会唯一推荐使用的内部控制框架而名气大增。后来在全球范围内也被众多国家和上市公司监管机构采用与推广，如财政部

① 暂译名，由于在本书出版之日其官方中文版还未出版，本书部分翻译内容仅供参考。本书对COSO框架的引用已向COSO申报并登记。

等五部门2008年联合发布的《企业内部控制基本规范》[①] 即借鉴了COSO 1992年发布的内部控制框架的要素和内容。

2000年以来，美国的企业界在实施了多年的内部控制框架之后，发现即便建立了完善的内部控制体系，仍然会存在大批企业倒闭、破产、经营失败等风险失败的案例出现，如2001年大规模出现的安然、世通等国际知名公司的财务造假事件。因此，COSO开始从一个更高的角度来思考企业的管理活动以及内部控制体系的局限性。内部控制体系确实对实现财务报告的可靠性和有效性提供了合理的保障（从实践经验看，内部控制体系的建立对经营和合规两个目标的支持力度并没有像财务报告目标那样得到很好的体现），但是企业需要从整合风险管理的角度为企业创造价值，并保障公司战略目标的实现，这是内部控制体系所不能完成的使命。

COSO组织对2004年发布的ERM框架的初衷和定位是正确的，但在起草ERM框架时采用了在COSO内部控制框架的基础上进行升级和扩充的做法，这直接导致了两个理论框架虽然愿景和目标各不相同，但形式和内容的重合度非常高，如图1.1.1所示。回顾过去这些年企业在实践这两个理论体系时出现的种种说法，如“内部控制就是风险管理”“风险管理就是内部控制”以及风险管理是“大内控”等，在当时起草发布ERM第一版框架时就埋下了隐患。

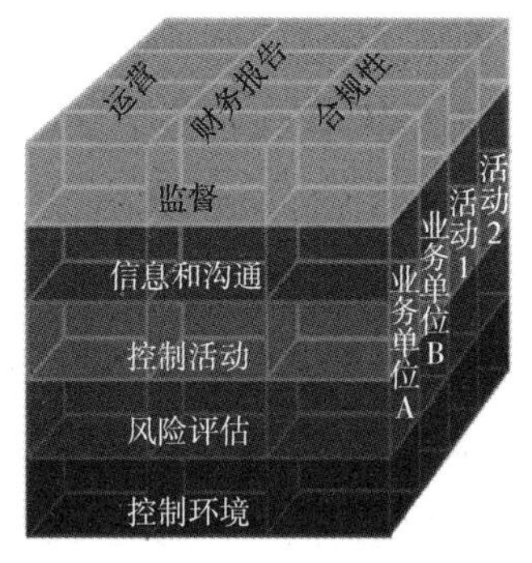

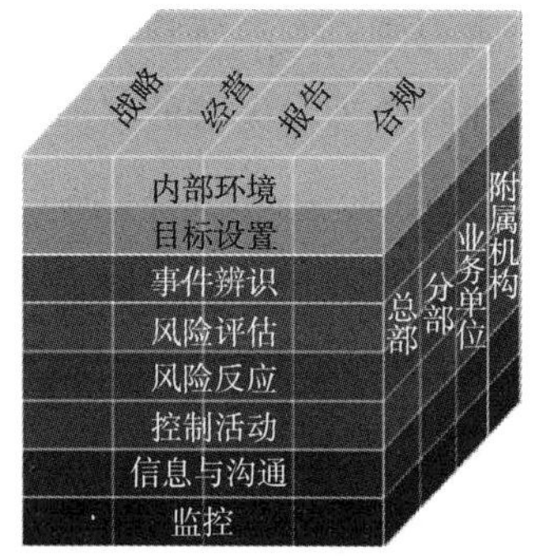

图1.1.1　1992年内控框架和2004年ERM框架

---

① 2008年5月22日，财政部、证监会、审计署、银监会、保监会联合下发了《企业内部控制基本规范》，也称为五部委文件。

2014 年，COSO 开始着手对 ERM 框架进行升级换代，用其自身的阐述，期望在战略的制定和执行中体现风险管理价值，以增强风险管理和企业绩效之间的协同关系。经过两年多的努力，2016 年 COSO 发布了征求意见稿，但是，结束征求意见后，新版框架正式版迟迟没有推出来。

在这个过程中，笔者一直和 COSO 时任主席罗伯特·赫斯（Robert Hirth）先生保持着紧密的沟通。当看到最终定稿的框架图与征求意见稿的变化如此巨大时，笔者大概理解了正式版迟迟没有推出的原因，在 COSO 内部肯定经历了大量的讨论、争议、妥协和坚持。2017 年 9 月 7 日一早，笔者便拿到了 COSO 正式发布的“企业风险管理框架”正式版文件，总共 201 页，这应该是中国第一份原版的正式文件。其中，附录里记录了定稿过程中关于对 1600 多条反馈建议的考虑、大量的不同意见的处理以及 40 多场研讨会，正好证实了笔者之前的猜测。

新版企业风险管理框架如图 1. 1. 2 所示。

图 1. 1. 2　新版企业风险管理框架

目前，大家可以在 COSO 的网站上（www. coso. org）免费下载公开的几个介绍文件如下：

（1）企业风险管理框架——摘要；

（2）企业风险管理框架——常见问题；

（3）COSO 发布正式版企业风险管理框架的新闻稿。

二、框架的结构和主要内容

正文内容除了摘要部分，分为了第一册（Volume I）和第二册（Volume II），第一部分框架又分三块介绍了框架的应用环境、框架介绍和术语表；第二部分介绍了项目背景和框架修订的方法、公共评论的总结、风险管理工作的角色和责任、风险概况图示等。

新版企业风险管理框架目录如图1.1.3所示。

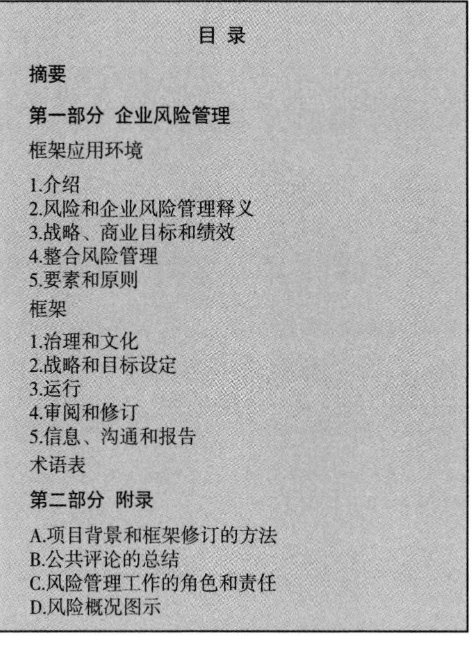

目 录

图1.1.3 新版框架全文目录

新版企业风险管理框架定位如图1.1.4所示。

新版框架从组织的使命、愿景及核心价值观入手，从以下三个方面提升和扩展了风险管理对企业战略层面的作用：

- 战略和商业目标与使命、愿景及核心价值观不匹配的可能性；
- 既定战略的风险内涵；
- 战略实施中的风险。

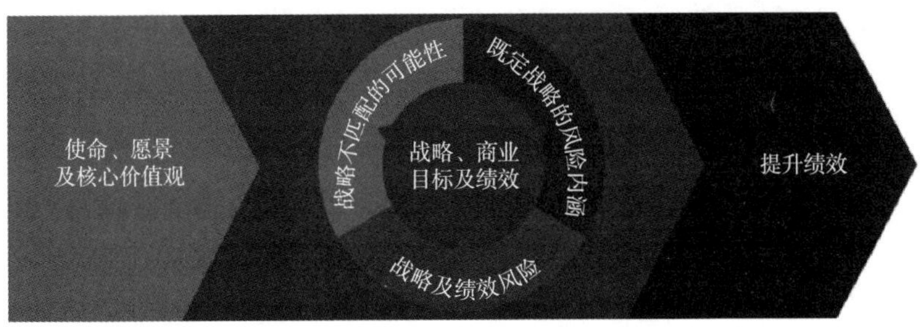

图 1.1.4　企业风险管理框架定位

这三个方面的内容都显示了风险对战略的影响，新框架详述了这些细节并定位了企业风险管理的重要性。新版企业风险管理框架结构如图 1.1.5 所示，框架 5 要素与 20 项原则如图 1.1.6 所示。

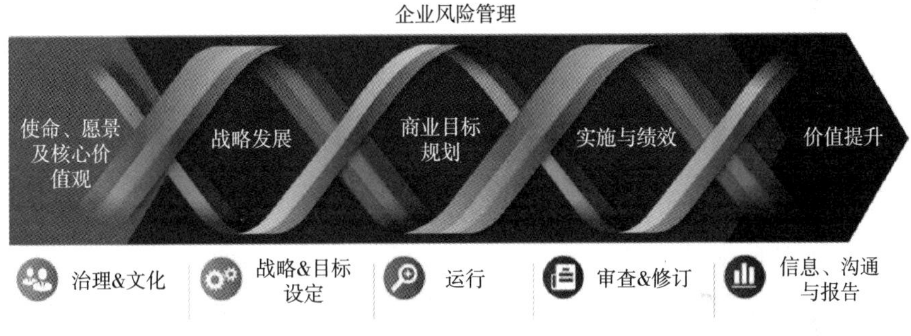

图 1.1.5　新版企业风险管理框架结构

图 1.1.6　框架 5 要素与 20 项原则

（一）治理和文化

治理确定了企业的基调，强调了企业风险管理的重要性和监督责任。文化则包含了道德价值观、理想行为以及对主体风险的理解。

（1）实现董事会对风险的监督——董事会对战略进行监督，肩负治理责任，支持管理层实现战略和业务目标。

（2）建立运营架构——组织建立运营架构用以实现战略和商业目标。

（3）定义期望的组织文化——组织对于期望行为的定义彰显了主体所追求的文化理念。

（4）展现对核心价值观的承诺——组织对主体核心价值观的承诺。

（5）吸引、培养并留住优秀人才——组织致力于培育与战略和业务目标相适应的人力资本。

（二）战略和目标设定

战略规划过程中风险管理、战略和目标设定是密切联系的。风险偏好的设定以战略为基础，并与其保持一致；商业目标将战略付诸实践，并为识别、评估和应对风险提供基础。

（6）考虑业务环境——组织应重视不同商业环境对风险状况的潜在影响。

（7）定义风险偏好——组织在创造、保持和实现价值时应定义风险偏好。

（8）评估替代战略——组织评估替代战略和对风险的潜在影响。

（9）建立业务目标——组织在建立支持战略实现的不同层次的商业目标时应对风险进行考量。

（三）运行

对影响战略和商业目标实现的风险进行识别与评估。在符合风险偏好的情况下，风险按照严重程度进行排序。组织将采取一种组合的视角对风险进行评估和应对。这一过程的结果将反馈给主要风险利益相关方。

（10）识别风险——组织对影响战略和商业目标绩效的风险进行识别。

（11）评估风险的严重程度——组织对风险的严重程度进行评估。

（12）风险排序——组织对风险进行排序作为制定风险应对措施的基础。

（13）实施风险应对——组织识别和选择风险应对措施。

（14）建立风险组合观——组织建立一种组合的视角来评估风险。

（四）审查和修订

通过审视主体的绩效情况，组织可以考虑如何利用企业风险管理的要素，根据重大的变化发挥更为长期的作用，以及需要进行哪些修订。

（15）评估重大变化——组织识别和评估可能对战略和商业目标产生重大影响的变化。

（16）审阅风险和绩效——组织审视主体绩效的同时考虑风险。

（17）企业风险管理改进——组织需要不断改进企业风险管理。

（五）信息、沟通和报告

企业风险管理需要一个持续的过程，获取和分享内部与外部的必要信息，这些信息可以自上而下或自下而上在整个组织里流转。

（18）利用信息系统——组织利用主体的信息和技术系统来支持企业风险管理。

（19）沟通风险信息——组织运用沟通渠道支持企业风险管理。

（20）对风险、文化和绩效进行报告——组织对主体各层次的风险、文化和绩效提供报告。

三、从正式版与征求意见稿的异同看核心理念的变化

（一）标题

正式版框架的名字与征求意见稿发生了变动，从“Enterprise Risk Management—Aligning with Strategy and Performance”变成了“Enterprise Risk Management—Integrating with Strategy and Performance”，从“Aligning”到“Integrating”，虽然只变化了一个词，但含义大不相同，这个词的变化直接体现了整个框架从征求意见稿到正式版发布的核心理念的变化，对比两个文件的全文会发现，内容变化的核心正是体现了从“Aligning”到“Integrating”两个词义的不同。

“Aligning”意为协同、相协调、保持一致等，表达企业风险管理工作应该和企业战略与绩效相协同、相协调。

“Integrating”意为整合、集成、融为一体等，表达企业风险管理工作和企业战略与绩效是一个有机的、密不可分的整体。

仅仅一个词的变化，就把企业风险管理工作进行了重新定位，从作为一个看似独立的工作与战略和绩效相协同，到抛弃自我真正融入战略和绩效管理的工作中，这种变化其实恰恰能描述我们一直以来倡导的风险管理工作融入企业管理和业务的最佳实践。

我们期望可以用比较简单形象的表达方式让大家理解清楚其中的区别，如图1.1.7所示。

Aligning

Integrating

图1.1.7 Aligning和Integrating的区别

（二）整体框架的展现方式

从征求意见稿到正式版，企业风险管理框架中的要素和原则，从围绕企业战略和绩效变成贯穿融入企业战略、绩效和价值提升，也是对题目一词进行变更后正文整体内容变化的一个直接体现。

（三）5 要素的变化

5 要素的变化最明显的标志就是“去风险化”，5 要素中的“风险”一词均被去除，不再一味地强调风险视角下的企业治理及管理要素，而是直接从企业治理和管理的角度提出将风险管理内容嵌入，为风险管理工作的真正融入治理与管理打下了基础。

当一个组织可以接受卖什么不吆喝什么的时候，它的精神境界就提升了一个层次。

另外，把“执行中的风险”（risk in execution）直接改为“运行”，理解更为直接，而且避免了“执行中的风险”在全球不同区域的理解差异，如图 1. 1. 8 所示。

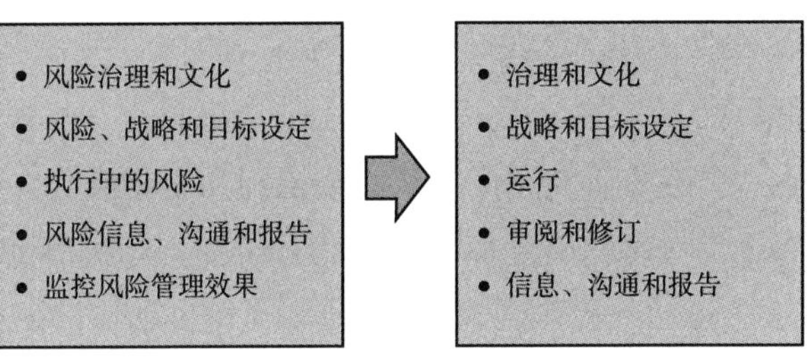

图 1. 1. 8　发布文件的去风险化

（四）20 项基本原则的变化

正式版将征求意见稿中 5 要素的 23 项基本原则改为 20 项，因为在征求意见的过程中，有意见表示 23 个原则太多了，并且部分内容不太实用。所以将治理和文化中的两条原则合并成了一条，更侧重核心价值的体现；同时，在战略和目标设定方面，原第 10 条原则和第 11 条原则合并成为一条，即设定商业目标；在信息、交流和报告方面，利用相关信息和利用信息系统被合二为一，新原则更加关注信息和技术在支持企业风险管理上的应用。

四、几个主要内容和观点

（一）更好地区分风险管理和内部控制的边界

在正式版新框架中，自然无法绕开关于风险管理和内部控制关系的解释，在第一册框架应用环境中，第一部分内容中就描述了风险管理和内部控制的关系："内部控制主要聚焦在主体的运营和对于相关法律法规的遵从性上""企业风险管理的相关概念并没有包含在内部控制中（例如，风险偏好、风险承受度、战略和目标设定等概念，这些都是内部控制体系实施的前提条件）"。

为了避免重复，一些在内部控制中比较常见的概念部分，风险管理新框架并未重复叙述（如与财务报告目标相关的舞弊风险、与合规目标相关的控制活动、与运营目标相关的持续及独立评估）。然而，一些在内部控制中的概念在本框架中被进一步研究和深化了（如治理和文化部分）。

在企业风险管理体系和内部控制体系建设方面，中国企业积累的经验在全球范围内独树一帜，源于过去十几年中国企业走过的坎坷之路。

2006年，国务院国资委发布《中央企业全面风险管理指引》，开启了中国企业尤其是中央和地方国有企业建设全面风险管理体系的浪潮，在国务院国资委的推动下，绝大多数中央企业几年内建立起了全面风险管理体系。

2008年，财政部发布《企业内部控制基本规范》，要求大中型企业尤其是上市公司建立健全企业内部控制体系；2013年，这些要求又在中央企业中被推广和落实。

对于部分企业来说，无论是企业风险管理还是内部控制都属于新生事物，这两个体系从两个国家部委的角度一前一后进行要求和推广，很多企业感到困惑，不知道如何处理这两个体系以及这两个体系与企业管理之间的关系，造成了一定的管理混乱和资源重复投入，这些问题从最开始理论框架的设计上确实没有划分出清晰的界线。

对于风险管理和内部控制的关系，2013年COSO发布的内部控制框架更新版文件附录中提出，企业风险管理是企业治理中的组成部分，企业内部控制是企业风险管理中的组成部分，如图 1.1.9 所示。从中国理论和实践经验看，大部分专家还是比较认可这种关系界定。

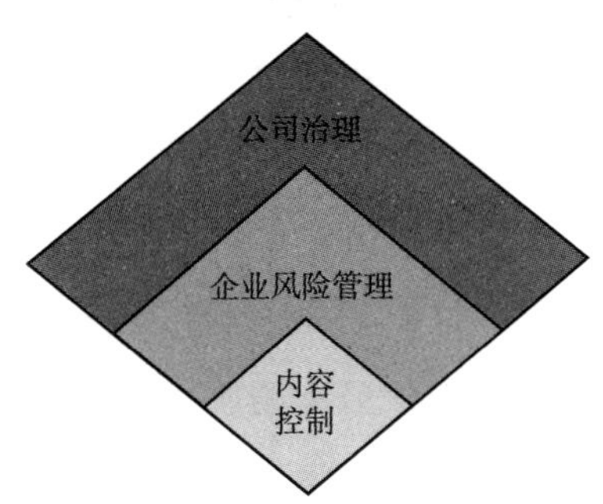

图 1.1.9　风险管理和内部控制关系

此次 ERM 新框架中，对于风险管理和内部控制的关系也作了进一步的阐述，新框架中有意规避了旧框架中对于控制活动的描述，把控制活动的内容留给了内部控制体系，而突出了风险的治理和文化的内容，并且强调和战略及绩效的关系，算是给两个体系“分家”做了个“了断”。

期待 COSO 公布正式版之后，实务界可以尽快研究如何应用，从而形成企业风险管理体系建设的行业最佳实践。

（二）推动风险管理更好地和企业管理的融合

真正的风险管理工作是要支持管理决策的，而不仅仅是建立内部控制制度和流程，虽然 COSO 新版的 ERM 框架已经开始回到“正轨”，国际上某些一流的风险管理咨询公司多年前为客户提供的风险管理方法论就是为企业的战略和管理决策提供支持，将风险管理工作融入管理决策的各个流程环节中，我们一直认为这是风险管理的真正价值所在。

（三）重新定义了风险及风险管理

风险被重新定义为：“事项发生并影响战略和商业目标实现的可能性”。

对于风险的定义，非常高兴地看到，第一版只强调风险的“负面性”，第二版已经将风险的范畴扩大到了对风险的“正面”和“负面”影响兼顾。

从个人角度而言，也有感到遗憾的地方，自2009年国际标准化组织发布ISO 31000系列标准以来，国际上对风险的定义就逐步趋同：风险——不确定性对目标的影响，况且这一标准是国际标准组织首次采纳中国提出的定义，COSO此次并没有采用此定义，而是相对保守地采用了2000年前后出现的典型的风险定义。

企业风险管理被定义为：“组织在创造、保护和实现价值的过程中，结合战略制定和执行，赖以进行管理风险的文化、能力和实践。”

关于企业风险管理的定义变化最为彻底，直接抛弃了第一版的定义，将风险管理工作直接从“一个流程或程序”提升到“一种文化、能力和实践”，用以实现组织创造、保护和实现价值。另外，也从定义上撇清了风险管理和内部控制的模糊关系。

（四）一个真正的“管理框架”而不再是“控制框架”

虽然2004年发布的第一版《企业风险管理——整合框架》就强调对利益相关方价值的创造，但从内容上讲还是一个被放大了的“控制框架”，无法直接为价值创造服务，只能间接支持价值创造活动。

新的框架从企业使命、愿景和核心价值出发，定位的宗旨为提升主体的价值和业绩，强调嵌入企业管理业务活动和核心价值链，在主要的要素和内容方面也进行了翻天覆地的变化，从而使得一个崭新的“管理框架”诞生。这种视角是一种新型的企业管理视角，对企业管理界来说是一场理念的变革。如果说在原有“控制框架”下，会计师事务所可以在原来实施内部控制服务的基础上，将其扩展进来，协助企业加强风险管理工作，但新的“管理框架”从定位上就直接进入了企业决策层关心的领域，这部分应该是企业战略管理顾问更关注的范畴。

近年来，基于风险导向的管理理念逐渐兴起，企业管理领域中常见的公司治理、企业文化、战略管理、卓越绩效、危机管理、高效沟通等都可以应用此套框架实现更好的标准化和科学化，因为在不确定性增加的商业环境中，基于管理不确定性理念的风险管理必将成为主流并渗透企业管理的各个方面。

（五）更广泛的主体适用性

正式版发布日期之所以一推再推，COSO 主席向笔者解释了其中的一个原因，虽然框架名为《企业风险管理》（ERM），但 COSO 希望这个框架可以适用于任何类型、任何规模的组织，包括营利机构、非营利机构、政府部门等。实际上，在美国这套体系也确实被非企业界的很多组织在采用，如美国宇航局（NASA）、美国国防部、学校、医疗机构等，ERM 这个名词已经不是专门指代企业风险管理，而是一种风险整合视角的管理方法论。

所以 COSO 期望的主体适用性从企业面向了各类型的主体，这一点也可以从正文部分的描述中看出，有些内容中故意回避了“企业”一词，以显示对不同主体本框架的包容性。

理论上来讲，只要一个主体有明确的愿景、使命和核心价值观，设定了所要期望达到的目标，风险管理框架就具备了被实施的条件。

但是，目前在中国，对于政府部门、非营利机构、高等教育、军事机构等而言实施风险管理框架还是一个新的领域，我们也非常期待这些领域的最佳实践的出现。

笔者曾协助过部分政府部门设计和实施了公共风险管理的方案，借助此框架的颁布在非企业组织主体领域设计一套完善的风险管理体系也许是下一步可以探讨和尝试的领域。

（六）关于风险管理的局限性

了解 COSO 于 1992 年、2004 年发布的内部控制框架和企业风险管理框架的人都应该清楚，两个框架均列示了企业内部控制和风险管理工作的局限性，而且这两个框架的局限性基本一致，这也在另一个角度印证了 2004 版的 ERM 框架还是一个大内控的“控制框架”。

新版本的框架中删除了对于风险管理局限性的章节，作为一套“管理体系”而非“控制体系”，突破原来的局限性是不言自明的。

（七）关于是否强制实施

实施风险管理工作目的是为股东和利益相关方创造、保护和实现价值，这些并不能由外部监管机构通过强制的方式来执行，所有需要监管机构强制要求的工作都是控制类而非价值创造类。因此，各类主体的利益相关方实施风险管理工作的目的并不是满足监管和合规要求，而是为了实现价值和达成业绩，支持主体使命、愿景和核心价值的实现，这是为了满足更高层次的诉求。

五、重点内容——风险—绩效曲线介绍

新版框架中数十次出现了一个新提出的曲线——风险—绩效曲线，提出了将风险与绩效相结合并给出了图形化的解释。单个的风险和绩效并不总是一一相关的，但是整体的风险与绩效是相关的。为了提供相关指导，新版框架对风险和绩效的关系提供了图形化的表达和示例。为了完成对风险轮廓的描述，组织需要理解下面的内容：战略和业务目标、绩效目标和可接受的浮动范围、风险承受能力和风险偏好、风险对达成战略和业务目标的影响程度。

如图1.1.10所示，横坐标代表绩效，纵坐标代表组织所承受的风险。图中的曲线代表风险—绩效曲线，即风险总体上随着绩效的升高而升高。水平线条表示组织确定的风险容限，而垂直线条表示组织的绩效目标。可以看到，

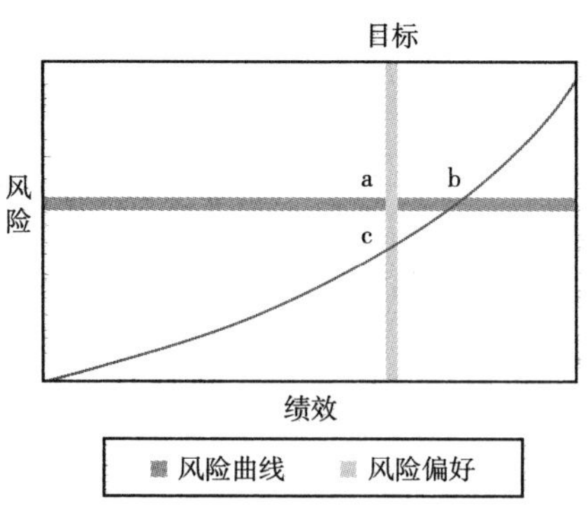

图1.1.10　风险—绩效曲线

c 点代表目标绩效下组织所承受的风险，c 点到 a 点的距离则代表实际风险与风险容限的差距，距离越短，表示企业的风险偏好越激进。而 b 点代表达到 100% 风险容限时，组织所能达成的最大绩效，但这也意味着组织承担的风险总量已经处于饱和状态。

可以看出，风险绩效曲线是新版框架的创新，它成功地将风险、风险偏好、绩效、目标绩效、绩效偏差等概念的关系用图形的方式展现出来，简单形象、方便理解。图 1. 1. 10 是关于风险—绩效曲线的最基本的一张图，在新版框架的附录中还有更详尽的解释。

但是，我们需要注意，风险—绩效曲线试图将风险和绩效进行量化对比，在实际操作中有一定的难度。目标绩效虽然容易设置（通过收入、收益率、利润、市场占有率等确定），但是风险如何加总量化是一个复杂的问题。除此之外，图 1. 1. 10 中风险与绩效的关系是一条平滑的曲线，但实际情况是，风险和绩效的关系不会如此单纯，因此，如果没有数据积累和大量分析，精确绘制这条实际的曲线是非常困难的。笔者曾经带领团队试图从一个大型集团和某海外投资的项目风险评估中绘制风险—绩效曲线，还是有很多细节需要中国企业共同推动实践。

第2篇　面向更加融合的管理体系

——COSO 新版企业风险管理框架全文解读（一）

本篇介绍 COSO 新版企业风险管理框架第一册第一部分的第一章节：框架的介绍（如图 1.2.1 所示）。

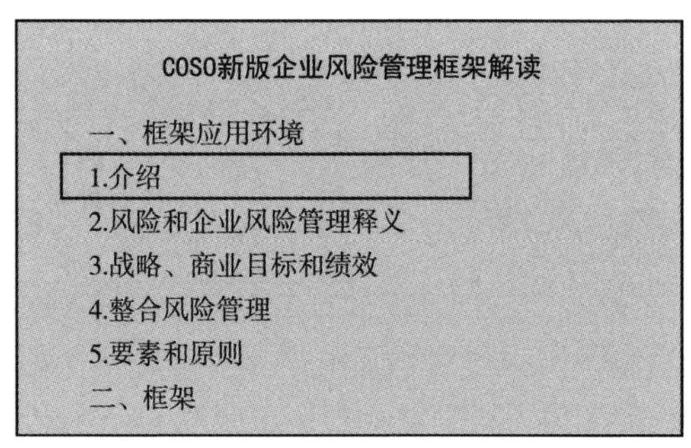

COSO新版企业风险管理框架解读

一、框架应用环境

1.介绍

2.风险和企业风险管理释义

3.战略、商业目标和绩效

4.整合风险管理

5.要素和原则

二、框架

图 1.2.1　COSO 新版企业风险管理框架目录（1）

本部分内容作为开篇介绍了该框架的整体定位和相关主题的关系：本部分 COSO 阐述了整合风险管理工作贯穿组织提升治理、战略、目标设定和日常运营决策能力的始终，协助组织更加紧密地考虑战略和商业目标的相关风险，从而获得更好的业绩，整合风险管理的宗旨是为组织创造、保持和实现价值指引方向。

这表明，这个框架描述了一种方法，即如何使一项职能整合融入主体中正在运行的其他业务活动。

一、强调了企业风险管理对价值的影响

- 当我们的收益超过了资源配置成本时，就创造了价值。
- 当日常运营的资源配置可以持续创造价值，那价值就会保持。
- 当管理层实施了一项战略并没有达到预期收益或任务执行失败，那就损害了价值。
- 当利益相关方获得了主体创造的收益，价值随之实现，这种收益可以是金钱的，也可以是非金钱的。

无论是什么类型的主体，企业风险管理工作都可以整合融入其他业务来增强利益相关方的信任和信心。

二、使命、愿景和核心价值解释

使命：主体的核心宗旨，要实现什么而成立以及为什么而存在。

愿景：主体对未来状态的愿望或者组织未来想要实现的目标。

核心价值：主体的价值取向以及对好与坏、接受或不接受的判断标准，这些将会影响组织的行为模式。

三、阐述了企业风险管理对战略的影响

企业风险管理并不能创造主体的战略，但它可以影响战略的产生和发展。一个组织将整合企业风险管理工作融入战略设定环节，它将给管理层提供需考虑的各种替代性战略并最终采用被选中的战略的相关风险信息。

四、论证了企业风险管理与商业运营的关联

企业风险管理工作整合融入与商业运营的所有方面相关的工作，包括治理、绩效管理和内部控制工作。

（一）治理

治理的一部分内容属于风险管理的范畴，而治理的某些方面内容不属于企业风险管理的范畴。

（二）绩效管理

绩效管理聚焦资源的高效配置，它关注的是，与预先设定的目标相比，如何衡量这些行动、任务和职能，以及确定这些目标是否被达成。因为多种已知和未知的风险都会影响一个主体的绩效，所以绩效的衡量也经常使用多维度的标准：

- 财务维度；
- 运营维度；
- 履职维度；
- 项目维度；
- 增长维度；
- 利益相关方维度。

（三）内部控制

- 强调了管理层利用内部控制主要聚焦在运营和对于相关法律法规的遵从性上；
- 指出一些内部控制中的概念在本框架中得到了深入研究和扩展。

五、分析了企业风险管理的益处

- 可以从更大的范围中选择机会；
- 增加积极的产出和盈利可能同时减少负面的意外；
- 识别和管理主体整体范围的风险；
- 减少业绩变动；
- 完善资源配置。

六、风险管理与适应、生存和发展能力

分析了因为风险的不断变化，所以挑战一直存在。虽然组织可能无法管理风险的所有潜在结果，但是可以改善如何适应不断变化的情况，这有时被称为组织的可持续性、韧性和灵活性。这里举出了一个危机管理的例子：

“邮轮运营商担心在船舶出海时发生疫情传播的可能性，尽管在整个船上都安装了手消毒站，提供了洗衣设施，对扶手、洗手间和其他公共场所每天都进行消毒。但病毒疫情仍然可能并且一定还会发生。需要实施一系列的具体工作来应对发生的病毒疫情。首先，升级了日常的邮轮清洁和消毒。一旦邮轮进港，所有乘客都必须下船，由经过专门训练的人员对整艘船进行消毒。其次，根据发现病毒的种类来变换清洁方案，直至所有的清洁方案都执行完毕才能离港。通过强有力的企业风险管理实践，立即响应和适应每一个独特的情况，公司可以最大限度地降低影响，同时保持乘客对邮轮路线的信心。”

本部分最后指出，希望管理层花点时间来预测事件可能发生的概率、可能性及不可能性，可以使其处于更有利的位置。提高适应变化的能力可以使组织更有韧性，并能在面对市场和资源有限的情况下更好地发展，使管理层有信心承担更多的风险，并最终加速增长和创造价值。

第3篇　风险和风险管理的新定义

——COSO 新版企业风险管理框架全文解读（二）

本篇介绍 COSO 新版企业风险管理框架的第一册第一部分的第二章节：理解风险和风险管理（如图 1.3.1 所示）。

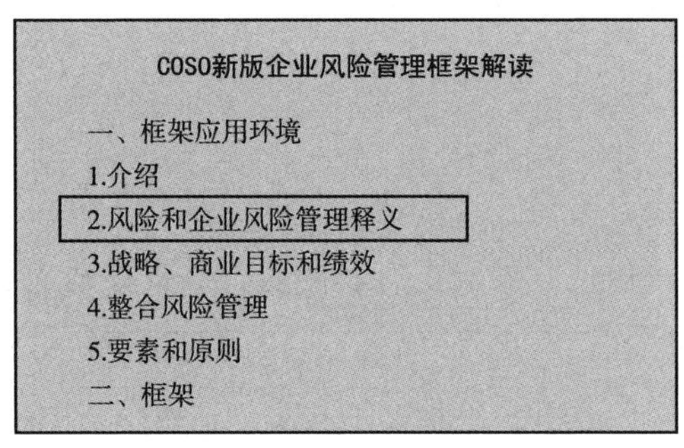

图 1.3.1　COSO 新版企业风险管理框架目录（2）

本部分内容围绕着风险和风险管理的定义进行论述。

一、定义了风险和不确定性

对于一个组织而言，由于不能完全预测事项发生与否及其相关影响，就产生了不确定性。对于任何一个主体而言，想要实现未来的战略和商业目标，都存在不确定性。

首先，将风险的定义为：事项发生并影响战略和商业目标实现的可能性。

而旧版风险管理框架中对风险的定义为：事项发生并给目标实现带来负面影响的可能性。

其次，将不确定性的定义为：潜在事项是否出现或者以怎样的方式出现的一种未知状态。

在此，新版框架强调了风险带来影响的双面性。

组织关注的风险通常是那些会产生负面结果的，例如：火灾导致的破坏，失去重要的客户或者出现新的竞争对手。然而，事项也可能产生正面的结果，例如：天气状况比预报的要好，更高的员工留职率或者更优的税率等。这些也应当考虑在内。另外，对实现某一目标有益的事项可能同时阻碍了其他目标的实现。例如，新发布的产品的需求量比预期的要高，从财务绩效上看，这是个好消息，但是，这有可能增加供应的风险。如果公司不能够及时供应产品，可能造成部分消费者不满意。

二、颠覆了第一版企业风险管理定义

新版框架对 ERM 的定义为：组织在创造、保持和实现价值的过程中，结合战略制定和执行，赖以进行管理风险的文化、能力和实践。

旧版框架对 ERM 的定义为：ERM 是一个过程，它由主体的董事会、管理层和其他人员实施，应用于战略制定并贯穿于企业之中，旨在识别可能会影响主体的潜在事项，在风险容量的范围内管理风险，为主体目标的实现提供合理保证。

前面曾介绍过关于两个定义的区别，在此不再赘述。

三、介绍了文化、能力和实践的内容

我们来看一下 COSO 认为的文化、能力、实践分别是什么内容。

（一）文化

文化是由一个主体的各个层面的人们通过他们所说和所做的事情而发展

和形成的。谁建立了主体的使命、战略和经营目标，也应该实施企业风险管理实践。同样，企业风险管理也影响着人们的决策和行动。每个人都有一套参考标准，这个标准影响他或她如何对风险进行识别、评价和反应。企业风险管理帮助人们决策，而对文化的理解在形成这些决策的过程中发挥着重要作用。

（二）能力

组织会追求各种各样的比较优势来为主体创造价值。企业风险管理增加了主体完成使命和愿景、预见可能阻碍组织获得成功的各种挑战的技能。而有能力适应变化的组织会适应力更强，并且能在面对市场资源限制和机遇的时候更好地作出反应。

（三）实践

企业风险管理不是静态的，也不附属于某项业务。相反，企业风险管理不断地适用于业务活动、特殊项目以及新计划的整个范围中。它是主体各个层面管理决策的一部分。

企业风险管理的实践应该由主体的最高层自上而下地通过各部门、各业务单元和职能来执行。这些实践是为了帮助主体内的人们更好地理解主体设定的战略、经营目标、存在的风险、可接受的风险量、风险如何影响业绩以及他们需要如何管理风险。相应地，这种理解为各个层次的决策提供支持并且有助于减少组织上的偏离。

四、强调了风险管理与战略设定和绩效的融合关系

在战略层面上，企业风险管理与战略设定相结合，协助管理层理解主体的整体风险状况，以及与评估替代策略对风险状况的影响相结合。

但是企业风险管理并不止于此，企业风险管理融入日常的管理运营中，这样做可以得到明显的收益。将企业风险管理融入主体的核心业务，可以使管理层发现新的发展机遇。

五、介绍了风险偏好概念

组织必须根据自身的风险偏好管理战略和商业目标的风险。

风险偏好，广义上讲，是指主体为追求价值所愿意承受的风险类型和数量。

与原来的风险偏好定义不同，这次新版框架的风险偏好概念包含了风险的类型和数量，而第一版的风险偏好只包含风险的数量。

风险偏好首先体现在企业的使命和愿景上。

企业风险管理有助于管理层将预期的价值创造与主体的风险偏好及其风险管理能力相匹配，并且随着时间的推移将更加协调。在风险偏好的范围内管理风险能够增强主体创造、保持和实现价值的能力。

第4篇　融入战略、目标和绩效

——COSO 新版企业风险管理框架全文解读（三）

本篇介绍 COSO 新版企业风险管理框架的第一册第一部分的第三章节：战略、商业目标和绩效（如图 1.4.1 所示）。

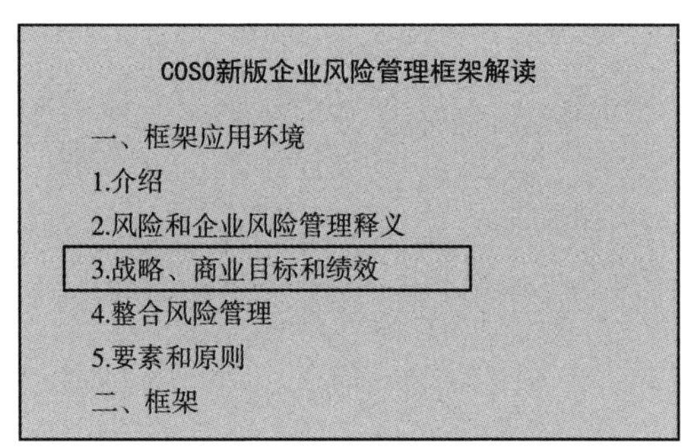
COSO新版企业风险管理框架解读

一、框架应用环境

1.介绍

2.风险和企业风险管理释义

3.战略、商业目标和绩效

4.整合风险管理

5.要素和原则

二、框架

图 1.4.1　COSO 新版企业风险管理框架目录（3）

本部分内容针对企业风险管理工作与企业其他几项重要的管理活动之间的关系进行论述。

COSO 介绍了企业风险管理与战略之间的关系：

- 一个主体的使命、愿景及核心价值观中包含了主体对风险的偏好信息，这是制定战略规划的重要依据；
- 战略的制定可能会出现与主体使命、愿景及核心价值观不相匹配的情况；
- 组织制定了一个具体战略后，它同时承担了对应的潜在风险；

- 战略的实施、商业目标的达成所含的固有风险。

一、战略、商业目标与使命、愿景及核心价值观不匹配的可能

使命和愿景都从主体最高的角度对主体可承受风险的种类及数量提供了参照。它们帮助企业建立了经营的边界，并着眼于决策如何影响战略。一个充分理解自身使命和愿景的组织可以制定出反映其自身风险状况的战略。

企业风险管理可以帮助主体避免战略偏差，为企业提供更深入的理解，确保其选择的战略有助于董事会层面实现既定的使命和愿景。

二、对既定战略的评估

企业风险管理不能创造主体的战略，而是通过对既定战略进行风险提示。企业需要评估所选择的战略如何影响主体的风险状况，特别是组织暴露出的潜在风险类型和数量。

在评估战略可能产生的潜在风险时，管理层需要考虑所选战略的基本前提假设。这些战略的基本假设可能与主体所处的商业环境有关。企业风险管理为这些假设敏感性的变化提供了宝贵的分析思路：即是否对达成战略造成或大或小的影响。

三、战略的实施、商业目标达成的风险

每个企业必须对战略中存在的风险进行思考，重点在于理解既定战略中蕴含的相关风险和其影响能力。当风险影响足够大时，企业可能需要重新审视既定战略，必要时可以修改或选择新战略，以便调整到主体更加合适的风险状况。

企业也可以从商业目标的角度看待实施战略的风险。企业可以使用各种常见技术及常用措施来评估风险。只要有可能，企业应使用相似的衡量单位对每个目标的风险进行评估。这样有助于使风险的严重性与既定的绩效衡量

标准相协调。

四、企业风险管理与绩效

评估战略和商业目标的风险，要求组织将本框架中提及的风险和绩效之间的关系理解为“风险状况”（或称风险概况）。主体的“风险状况”提供了风险的综合视角（如从主体整体层面、业务单元层面、职能层面）或商业模式方面（如产品、服务、区域）。这种综合视角使得管理层能针对风险的类型、严重性和相互依赖性，以及它们如何影响绩效进行思考。在评估替代战略时，企业应该先了解潜在的风险状况。一旦选择了战略，焦点应转向了解所选战略和相关商业目标当下的风险状况。

风险与绩效间很少是纯线性关系。绩效目标的增量变化并不总是导致相应的风险同向变化（反之亦然）。因此，一个有用的、动态的表示，有时是图形化的，表明了与预期结果相伴随的风险总和。企业必须在主体的风险数量及其所期望的绩效之间达到平衡状态。有很多种描述风险状况的方法。该框架描绘了企业风险管理各个方面间的关系。这样做有助于加强风险、风险偏好，容忍度及绩效目标之间的整体联系。

关于风险和绩效的关系，COSO新版框架的附录D中进行了详细说明，而且举例了各种不同形状的风险状况图例，解读附录时我们再详细论证。

第5篇　新版框架就是全面风险管理？

——COSO 新版企业风险管理框架全文解读（四）

本篇介绍 COSO 新版企业风险管理框架的第一册第一部分的第四章节：整合风险管理（如图 1.5.1 所示）。

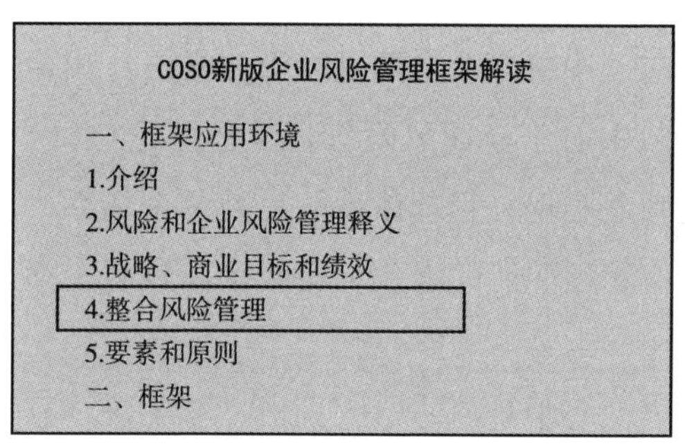

图 1.5.1　COSO 新版企业风险管理框架目录（4）

本部分的整合风险管理章节，COSO 表述了将风险管理工作与各项日常管理工作整合以支持更好地作出决策的重要性。用于更好地权衡各种利弊，如对于风险和回报、效率和成本以及时间和质量等。

同样，像在摘要中强调的一样，COSO 指出，风险管理不仅仅是一个部门和功能，而是和主体的文化、能力、实践融为一体的。并指出，主体的风险态度越激进，整合工作的价值越大。

在迈向全面整合的阶段，指出“每一个人都是风险管理者”。这与我们前些年倡导的“风险无时不在、风险无处不在”“增强全员风险管理意识”

"每一个人都是一个防火墙"等的内涵大致一样。

在最开始翻阅新版企业风险管理框架时，在某些描述整合风险管理框架的段落，笔者认为如果翻译成"全面风险管理"也算是恰当。

2006年6月，国务院国资委发布了《中央企业全面风险管理指引》，将全面风险管理的概念最先引入央企层面。当时的全面风险管理是在中国企业界普遍流行的全面质量管理、全面预算管理的时代背景下提出的。当时在全球范围内还没有一个合适的英文来对应中国的全面风险管理这样一个概念，对应的西方概念就是企业风险管理（enterprisk risk management），或者后来发展出的企业整体层面风险管理（enterprise-wide risk management）。

现在，我们来看整合风险管理框架（integrating enterprise risk management）的提法，笔者认为，整合（integration）这个词也不是十分符合中国人传统语言习惯的译法，其内涵与我们十几年前"全面风险管理"的提法有点类似的地方。

翻阅了十几年前《中央企业全面风险管理指引》出台后，笔者在几十家央企的项目实践材料中对于全面风险管理工作的定位，当时的描述方式为：全面风险管理不是独立于现有管理体系的另外一个体系，而是对现有管理体系的整合以及对现有管理职能的强化，实践中注重将全面风险管理的内容融入现有管理职能之中。

翻阅过程中笔者的心中是何等感慨，2017年COSO新版的企业风险管理框架所倡导的观点和我们十几年前所推行的如出一辙。从这方面看，COSO所宣扬的某些理念对中国企业界而言并不是新的内容，而是从2004年错误地定位风险管理框架为"大控制框架"之后，向正确的"管理框架"轨道上回归而已。

只不过在当时的年代，我们刚刚接触了这样一个新鲜的管理领域，所有的精力都放在了如何把它搞清楚、搞明白的阶段，还没有过多地思考和实践它与企业其他管理活动的关系；或者更确切地说，就算思考过，当时也没有时间和精力来真正地实践。回顾过去这十几年中国企业走过的风险管理之路，也能发现这个规律。一开始我们是为了风险管理而做风险管理，等做到一个阶段之后开始考虑风险管理和企业其他管理活动的真正关系。笔者认为，目前实施风险管理体系多年的中国企业也处在这样的一个思考和转变过程中。

这好比我们刚开辟了一块处女地，可以用新技术建设一座独特的房子，一开始我们全部的聚焦都是学习并应用新技术来建房子。等学习和应用了新技术之后，我们开始思考这座房子和原来房子的关系，以及怎么摆放位置的问题，包括原来的一些房子是否需要利用新技术的学习和实践过程中形成的经验进行修缮。

笔者曾经写过一篇文章——《从 ERM 框架的演变看企业风险管理工作的定位》，详细论述了中国企业风险管理工作发展的这种现象。

时过境迁，中国的企业界被教育了多年之后，开始真正思考如何摆放企业风险管理的位置时，2017 年 COSO 发布的新版风险管理框架显然是在“对的时间”推出了一个“对的框架”。

第6篇　5要素与20项原则详解

——COSO新版企业风险管理框架全文解读（五）

本篇介绍COSO新版企业风险管理框架的第一册第一部分的第五章节：要素和原则（如图1.6.1所示）。

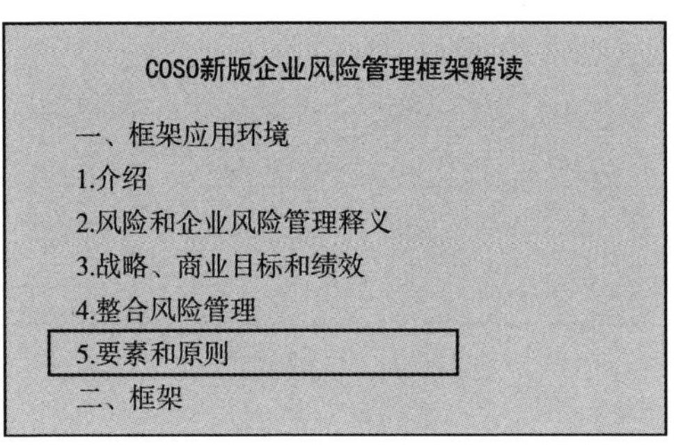

图1.6.1　COSO新版企业风险管理框架目录（5）

自从2013年COSO更新了1992年的企业内部控制框架（internal control-integrated framwork）以来，COSO就采用了这一国际文件惯用的书写结构——要素加原则（componets and principals）。本次新版企业风险管理框架也告别了2004版的立方体8要素框架，而改为今天大家看到的5要素20项原则的框架。

5要素的变化最明显的标志就是“去风险化”和“去控制化”，5要素中均不包含“风险”一词，而且原来框架中“控制活动”的内容都被删去。新框架不再一味地强调风险内容，而是直接从企业管理的角度将风险管理内容融入。因为 ERM 是一个风险“管理”框架，而不仅仅是风险“控制”框架，所以和“控制”相关的内容都留给了内部控制（internal control）框架。

20 项原则中包含风险管理常规内容最多的是在绩效的要素内容下，整体比 2016 年的征求意见稿数量更少（23 项删除了 3 项），每个原则的描述更为精练。

一、治理和文化

治理确定了企业的基调，强调了企业风险管理的重要性和监督责任。文化则包含了道德价值观、理想行为以及对主体风险的理解。

（1）实现董事会对风险的监督——董事会对战略进行监督，肩负治理责任，支持管理层实现战略和业务目标。

（2）建立运营架构——组织建立运营架构用以实现战略和商业目标。

（3）定义所需的文化——组织对于期望行为的定义彰显了主体所追求的文化理念。

（4）展现对核心价值的承诺——组织对主体核心价值观的承诺。

（5）吸引、发展并留住优秀人才——组织致力于培育与战略和业务目标相适应的人力资本。

二、战略和目标设定

战略规划过程中风险管理、战略和目标设定是密集联系的。风险偏好的设定以战略为基础，并与其保持一致；商业目标将战略付诸实践，并为识别、评估和应对风险提供基础。

（6）分析商业环境——组织应重视不同商业环境对风险状况的潜在影响。

（7）定义风险偏好——组织在创造、保持和实现价值时应定义风险偏好。

（8）评估替代战略——组织评估替代战略和对风险的潜在影响。

（9）建立业务目标——组织在建立支持战略实现的不同层次的商业目标时应对风险进行考量。

三、运行

对影响战略和商业目标实现的风险进行识别与评估。在符合风险偏好的情况下，将风险按照严重程度进行排序。组织将采取一种组合的视角对风险进行评估和应对。这一过程的结果将反馈给主要风险利益相关方。

（10）识别风险——组织对影响战略和商业目标绩效的风险进行识别。

（11）评估风险的严重程度——组织对风险的严重程度进行评估。

（12）风险排序——组织对风险进行排序作为制定风险应对措施的基础。

（13）实施风险应对——组织识别和选择风险应对措施。

（14）建立风险组合观——组织建立一种组合的视角来评估风险。

四、审查和修订

通过审视主体的绩效情况，组织可以考虑如何利用企业风险管理的要素，根据重大的变化发挥更为长期的作用，以及需要进行哪些修订。

（15）评估重大变化——组织识别和评估可能对战略和商业目标产生重大影响的变化。

（16）审阅风险和绩效——组织审视主体绩效的同时考虑风险。

（17）企业风险管理改进——组织需要不断改进企业风险管理。

五、信息、沟通和报告

企业风险管理需要一个持续的过程，获取和分享内部和外部的必要信息，这些信息可以自上而下或自下而上在整个组织里流转。

（18）利用信息系统——组织利用主体的信息和技术系统来支持企业风险管理。

（19）沟通风险信息——组织运用沟通渠道支持企业风险管理。

（20）对风险、文化和绩效进行报告——组织对主体各层次的风险、文化和绩效提供报告。

第7篇　治理和文化要素

——COSO 新版企业风险管理框架全文解读（六）

如图1.7.1所示，治理和文化部分作为新版企业风险管理框架的第一个要素，确定了企业风险管理工作的总体基调，强调了治理层的主体监督责任、风险管理的适用性、文化等方面的内容，主要包括五个原则：

1. 实现董事会对风险的监督
2. 建立运营架构
3. 定期组织期望的文化
4. 展现对核心价值观的承诺
5. 吸引、发展并留住优秀人才

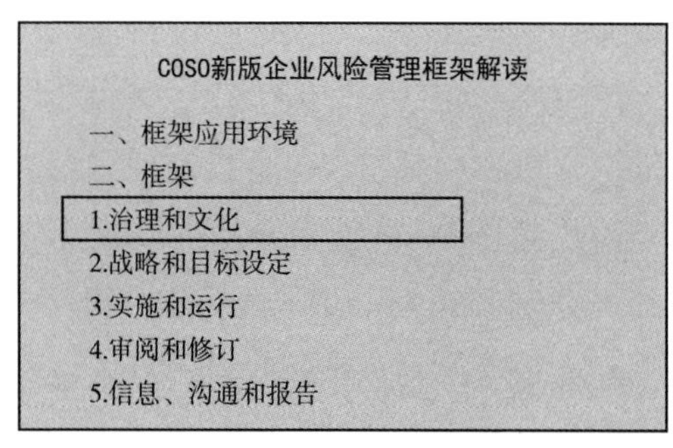

图1.7.1　COSO新版企业风险管理框架目录（6）

一、实现董事会对风险的监督

这部分包括四个方面的关注点：

• 强调董事会监管职责的履行，董事会成员有充足的经验和能力以及适当的知识结构对管理层的战略执行、经营管理等重点方面提出质疑；

• 保持董事会成员的独立性；

• 根据董事会和管理层当前面临的主要问题挑战企业风险管理工作的侧重点和体现价值的方式；

• 避免组织在决策过程中的偏见。

这一点让笔者想到了成功度过 2008 年经济危机的摩根大通，后来其在总结成功经验时指出，当时董事会的构成包括内外部 15 个各领域的专家人员，为其成功规避次贷危机的冲击提出了非常具有远见卓识的风险决策意见。

二、建立运营架构

这部分包括四个方面的关注点：

• 确定运营架构和汇报线，包括各职能不同权、责、利的分配，例如，董事会会决定哪些角色至少需要有一条虚线汇报途径到董事会；

• 企业经常在董事会层面设置或委托一个或多个委员会负责充分揭示每一项决策所隐含的风险；

• 关于首席风险官、企业风险管理负责人、风险主管等职能设置和权责；

• 在外部环境不断变化的今天，确保企业的运营架构可以适时调整，保持适宜性。

三、定义期望的组织文化

这部分包括五个方面的关注点：

- 明确公司的风险文化及哪些行为是属于理想行为；
- 如何更好地使用判断力来加强企业风险管理；
- 文化对一个企业评估风险过程中的影响；
- 设置顶层基调，保持组织的核心价值观和决策、全员的行为标准相一致；
- 根据环境和情况的变化，适时推动文化转型以适应发展的需要。

四、展现对核心价值观的承诺

这部分包括六个方面的关注点：

- 建立被充分理解和掌握的核心价值观，并将其融入所有的组织行为和决策中；
- 培育具有风险意识的组织文化，从董事会到管理层建立正确的风险意识和文化基调；
- 强化整个组织的问责机制；
- 担负责任，对每个级别和岗位的绩效目标进行评估；
- 保持畅通无阻的信息沟通；
- 对背离核心价值观的行为进行纠正。

五、吸引、发展并留住优秀人才

这部分包括五个方面的关注点：

- 建立和评估胜任能力；
- 如何吸引、发展并留住人才；
- 制定绩效奖励措施并适当评估风险；
- 识别和应对核心人员的压力状况；
- 对关键领导层和管理人员制订继任计划。

这一部分可以说是整个框架中最重要的部分，是整个企业风险管理工作开展最顶层的设计、总的原则和定位，从企业的治理层和管理层的角度而言，是最需要关注的内容。按照 COSO 最新对企业风险管理工作的定义，第一个着力点就放在了“文化”上，可见这个开篇的要素对风险管理工作有多么重要。

在一些优秀的企业风险管理案例中，或者说一些经典的商业案例中，我们能够发现很多内容都是上面提到的关注重点。

这些关注重点单独拿出一个来，都可以展开作为一个大话题，都是在整个企业的管理运行中最需要关注的。一些失败的公司案例，很多都可以归纳总结为上面的一个或几个，以往我们看企业都是从零散的角度体会，新版框架的“治理和文化”部分为我们提供了一个经过提炼和总结的综合视角。

1. 治理与管理的关系

如果在企业层面讨论这个话题，那就是公司治理和管理的关系，如果我们说治理和管理之间并不是完全对等的关系，相信绝大部分人都会同意这样的说法。但两者之间的关系界定还是有一些争论的，一些典型的观点包括：

- 治理是管理的一部分；
- 管理是在治理之后的，从范畴上讲管理属于治理的一部分；
- 治理和管理不能简单地归类谁属于谁、谁包含谁，而是各自服务于自己的使用对象和目标，双方有一定的交集。

很多的专家同意第三种看法。

为什么要提出这个问题？因为谈到企业风险管理（ERM）时，我们通常说企业风险管理是企业管理的一部分，从字面上也能够感受出来，企业管理应该是包含了企业风险管理这个“分支”。

如果我们说治理和管理之间没有简单的等同和包含关系，那就同时需要探讨企业治理和企业风险管理是何种关系的问题。

COSO 新框架中认为有一些公司治理的内容并不属于企业风险管理（ERM）覆盖的范畴，应该就是基于此而言。

但是，风险是无处不在的，只要是存在风险的地方，都应该是风险管理能够覆盖的范围，包括公司治理中对风险的考量。因此，如果我们接受这样的观点，那么，我们今天谈到的企业风险管理是有可能突破企业管理的边界，而在一个组织内的更广泛的主体和范围内应用。

但这并不影响我们目前对企业风险管理的应用重点，只提出一个观点供大家思考。

2. 关于首席风险官的设置

首席风险官（chief risk officer，CRO）的提法早就有了，目前在金融企业中可能多一些，一般企业中并没有成为标准配置。目前，被大家公认的全球第一位 CRO 是一位华裔美国人，名叫詹姆斯·兰（James Lam），1993 年被任命为 GE 资本的 CRO。

COSO 的新框架中也谈到了企业管理架构中 CRO 这种职能的设置。

ISO 31000 风险管理国际标准在 2018 年更新之后，国际上有些专家们又在制定这个标准的实施指导手册，作为中国代表笔者也参与了这项工作。其中有些专家在指导文件中谈到了关于首席风险官的设置问题，谈及了 CRO 这样的一个职能在企业的定位和汇报线，按照国际上有些专家的理解，CRO 汇报的最高上级只能到 CFO，对此，笔者提出了不同的修改意见。

相信看过笔者之前文章的读者都了解，风险管理价值最高点是在支持决策上，是辅助决策层的职能，不应该再按照传统的认知来设置风险管理负责人的天花板，这是不恰当的。

笔者提出的意见是：CRO 按照企业自身的定义和实际工作的需要，可以汇报到董事会或 CEO，我们至少要留有这样的空间和选项，给他们留一扇门。

第8篇　战略和目标设定要素

——COSO 新版企业风险管理框架全文解读（七）

如图 1.8.1 所示，战略和目标设定部分作为新版企业风险管理框架的第二个要素，是在组织使命和愿景及核心价值观的指引下，在治理和文化要素的环境下，制定组织战略和设定目标的要素，一共包含四个原则：

6. 分析商业环境
7. 定义风险偏好
8. 评估备选战略
9. 建立商业目标

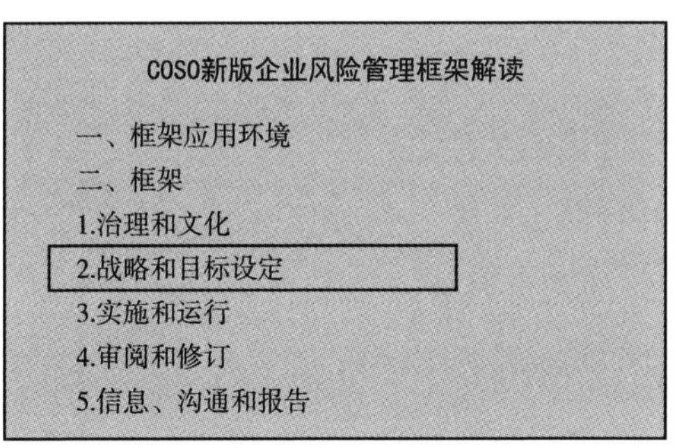

图 1.8.1　COSO 新版企业风险管理框架目录（7）

一、分析商业环境

这部分包括四个方面的关注点：

- 战略制定过程中考虑动态的、不可预测的商业环境；
- 考虑外部环境和外部利益相关者；
- 考虑内部环境和内部利益相关者；
- 商业环境如何影响企业风险管理。

二、定义风险偏好

这部分包括三个方面的关注点，如图 1.8.2 所示：

- 在使命和愿景基础上，制定战略的同时应用风险偏好，风险偏好和战略并没有绝对的先后顺序，可以并行开展；
- 确定风险偏好，细化可接受的风险类型和风险量；
- 阐述风险偏好，在不同的层面用合适的方式传递风险偏好的信息。

图 1.8.2 风险偏好

三、评估备选战略

这部分包括五个方面的关注点：

- 战略必须支持使命和愿景，并与组织的核心价值观和风险偏好保持一致；
- 了解所选战略的风险内涵；
- 战略和风险偏好需要协调一致；
- 适时评估战略，必要时进行调整；
- 在评估备选战略时尽量降低偏见。

四、建立商业目标

这部分包括七个方面的关注点：

- 制定具体的、可衡量或可观察的商业目标；
- 每个商业目标都应该和战略目标协同一致；
- 理解所制定的商业目标暗含的风险；
- 将商业目标划分为不同的分类方式；
- 制定具体的绩效考核指标；
- 理解新定义的容忍度——绩效可接受波动区间的概念；
- 绩效考核与容忍度的关联（参考之前文章中的风险绩效曲线）。

按照管理大师德鲁克先生提出的目标管理方法，一个好的目标应该符合 SMART 原则，即：

第一，目标要具体（specific）；

第二，目标可衡量（measurable）；

第三，目标可实现（achievable）；

第四，目标要相关（relevant）；

第五，目标要有时限性（timeboxed）。

1. COSO 和 ISO 的风险定义是否涵盖目标制定环节

COSO 的风险定义应用在目标实现过程中，而 ISO 31000 中也把与风险关联的目标设为既定的目标。

用通俗的企业语言举例，如以战略目标为例，风险是集中聚焦在战略目标实现过程中的不确定性，那战略目标的制定环节是不是也是风险管理应该覆盖的范畴?

答案是肯定的，不要被抽象出来的定义迷惑，只要战略目标的制定环节本身确定了目标，被锚定了，那么制定过程中的不确定性就是风险需要关注的，只不过此目标非彼目标了。

因此，需要清晰地理解，找好风险管理在企业的应用范围，有时需要跳出抽象概念，因为抽象可以达到更好的覆盖性，但也会因此丧失对具体应用场景的准确表述。大家把握本质、活学活用就好，因为理论最终都要指导实践、接受实践的检验，如果因为固守一个说法而丧失一套理论在实践中的生命力，那是得不偿失的！

2. 评估备选战略

在评估备选战略这个风险管理原则上，我们正在经历一个活生生的案例，那就是华为的“备胎计划”，海思芯片的研发，使得可以在关键供应商断供时不至于出现营业中断，打造这样的“备胎”，就是华为的备选战略。

因此，这套理论提取出来的要素和关注点值得每一个中国企业好好对标学习，笔者曾经说过，风险管理是企业管理的精华所在。因为传统的管理侧重确定性管理，而风险管理侧重不确定性管理。随着技术的进步，确定性管理工作会越来越多地找到一套规则作为最佳实践，甚至被人工智能代替，但不确定性管理是未来打造企业“软实力”竞争优势体现。

华为能够在十几年前就提出这样的备胎计划是了不起的，任正非不能允许这样“卡脖子”的战略性漏洞存在，这是通过当年极限生存假设确立的备选计划，是持续投入巨资实现的。

当然，备选战略需要根据每个企业的风险偏好和承受度的情况分别来看，考验的是决策层的远见和企业的实力。企业在使劲儿奔跑的时候，往往忽略了这些备选计划，甚至出了问题时，也把这些没有提前做好准备的情形当成正常的试错成本来对待。

有时可以承受，有时则直接将企业推到了倒闭的边缘。我们需要更先进的手段、更超前的思维、更完整的认知来管理未来！

在云淡风轻时，就做好过冬准备，这才是拥有远景、打造基业长青的明智之举！

第9篇　运行要素

——COSO新版企业风险管理框架全文解读（八）

如图1.9.1所示，运行部分作为新版企业风险管理框架的第三个要素，是指在既定战略和商业目标下，结合风险偏好的设置，对风险进行识别和评估的内容，一共包含五个原则：

10. 识别风险
11. 评估风险严重程度
12. 进行风险排序
13. 实施风险应对
14. 建立风险组合观

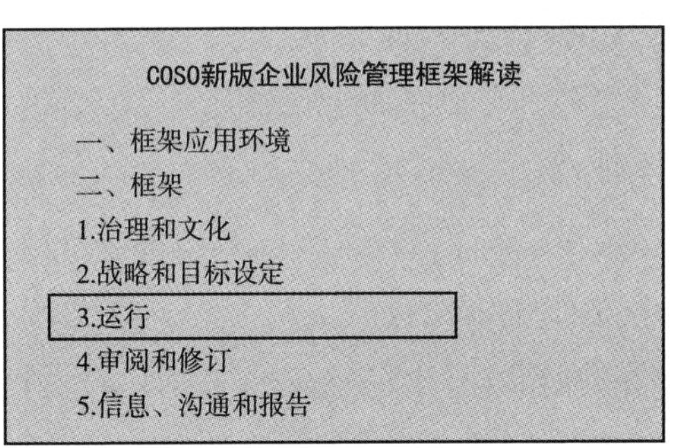
COSO新版企业风险管理框架解读

一、框架应用环境
二、框架
1.治理和文化
2.战略和目标设定
3.运行
4.审阅和修订
5.信息、沟通和报告

图1.9.1　COSO新版企业风险管理框架目录（8）

一、识别风险

这部分包括四个方面的关注点：

- 根据战略和商业目标，识别其面临的相关风险，并关注风险的不断变化及新兴风险；
- 使用风险清单对风险进行分类；
- 将风险视为日常工作的一部分，使用多种方法识别风险（人工智能、数据跟踪、访谈、关键指标、流程分析、研讨会、问卷）；
- 相同风险的表述方式不同，会影响对风险的不同反应。

二、评估风险严重程度（风险水平）

这部分包括八个方面的关注点：

- 对风险进行评估；
- 从组织不同层面评估风险的风险水平；
- 从影响程度和可能性两个方面选择风险评估指标；
- 从定性和定量两个方面选择风险评估方法；
- 明确固有风险、预期剩余风险和实际剩余风险；
- 展示风险评估结果（风险图谱、风险绩效曲线）；
- 确认触发重新评估的条件和机制；
- 降低风险评估中的偏见。

三、进行风险排序

这部分包括五个方面的关注点：

- 建立风险排序的标准；
- 确定风险优先级；
- 使用风险偏好来确定风险优先级；
- 不同层面的优先级；
- 避免风险优先级偏见。

四、实施风险应对

这部分包括四个方面的关注点：

- 选择风险应对方式（承受、规避、追求、降低、分担等）；
- 实施风险应对；
- 考虑成本和收益；
- 考虑风险应对产生的新风险。

五、风险组合观

这部分包括三个方面的关注点：

- 理解风险组合观，从组织整体和组合视角考虑风险的影响；
- 从不同层面将风险进行整合的组合视角；
- 结合风险绩效曲线分析风险组合观。

1. 对于新兴风险（emerging risk）的关注

近些年，我们大踏步地进入信息社会，巨大的技术变革让我们面临的不确定性越来越大，也越来越难读懂未来的趋势将会给我们带来什么样的影响，在这个过程中，涌现出来一批由于环境的变化、技术的变化、目标的变化、认知的变化带来的之前没有遇到过、不易量化或觉察的风险，我们把它称为新兴风险。

新兴风险是一个在国内外炙手可热的词，由于它对于发展的重要性，所以各机构、各管理层都对其各自领域的新兴风险有很高的关注度，因为，这关乎未来！

在笔者看来，新兴风险在某种程度上可有主观和客观之分。

客观的新兴风险指由于社会进步、技术变革带来的新兴风险，如人工智能、云计算、虚拟现实、无人驾驶、物联网等。

主观的新兴风险指由于主体认知的提升导致对风险的认知程度和深度出现的变化。

有一些情况下，原来我们不认为有风险或我们并不知道有风险，但随着认知的提升，我们可能会重新认识。

因此，这引出一个有意思的观点——“过去的风险”。

我们原来强调风险的未来性，甚至在 2006 年制定的《中央企业全面风险管理指引》中对风险定义都包含“未来”，但有没有“过去的风险”？

如果由于过去的认知局限导致的未知状态，并不知道当时承担了某种风险，由于认知的提升，开始对它有了新的认识，这也变成了一种新兴风险。

因此，这也要求我们要持续保持对风险的再认识和再评估。

其实主客观也是实为一体、相互影响的。迎面吹来的风是客观存在的还是因为我们走得太快了，有时无法严格割裂。

2. 风险组合观

风险组合观的概念相当于我们将同一层面的风险进行整体汇集，如果是针对可量化的风险，对不同的风险进行量化组合，以及与公司分配资本进行关联，这是一种理想化按照基于整合风险的资源配置方式。

在非可量化的风险领域，风险组合观更多的是一种整体观的思维转换，要实现量化的风险组合管理方式并不容易。

3. 风险评估维度

关于风险评估，可以参考第三部分的《风险评估的现状、问题和思考》，在目前的环境下，仅仅靠传统上用最简单的两个维度“可能性”“影响程度”来评估风险已经远远不能够满足要求了，特别是对于前面提到的新兴风险。

对风险属性的扩充与全面识别评估已经是大势所趋，其他一些如影响的方向性、风险发生速度、持续时间、主体的韧性等都是需要考虑的重要因素。

ISO 31010《风险评估技术》国际标准，在继 ISO 31000 于 2018 年 2 月更新后，也正在更新过程中，其中在风险评估技术工具方面，将原来的 31 种风险评估技术增加到了 42 种。

对具体风险评估技术的掌握，对于我们工作层面或刚刚接触这项工作的人而言还是有很大用处。

专题

1. 关于如何翻译新框架中的“performance”要素

新框架中把5要素中的第3要素由征求意见稿中的“执行中的风险”（risk in execution）改为“performance”，当笔者翻译时，看到COSO自己解释这种变化是为了避免“执行中的风险”在全球不同区域的理解差异，所以汉化时我们没有轻举妄动，将其和新框架的题目翻译保持了一致，译为了“绩效”。但是第3要素里面的主体内容没有明显的变化，还是原来提到的风险识别、分析、评估的内容。因此，在前面的一篇解读文章中，将这种方式理解为COSO在强调和管理融合的前提原则下，用管理要素的表述方式表达了风险管理的工作内容。但对这部分内容始终感觉有点别扭，我们认为，如果要素中的performance和题目中的performance内涵或者用法不一致，COSO至少应该解释一下，以免引起误解，因为题目中的这个“绩效”太重要了，但是没有找到这样的解释内容。

2. 要素中的“performance”的真实含义

为了搞清楚performance的真实含义，笔者专门与新版企业风险管理框架起草的总负责人——COSO委员会主席罗伯特·赫斯先生进行了沟通，交流第3个要素为什么修改以及对performance的正确理解。

笔者提出，正式版用performance的要素名称取代了原有的执行中的风险（risk in execution）（如图1.9.2所示），但是主体内容没有太大变动，为什么

图1.9.2 COSO新版企业风险管理框架

要更换？

赫斯先生回复说，execution（执行）这个词在全球征求意见时，不同区域对这个词的理解不一样，所以他们不得不考虑选择另外一个词。

笔者提出，如果要替换 execution（执行）这个词，为什么不考虑如 implementation（实施）或者 delivery（实施、交付）等，而选择了有可能和题目中的 performance 产生误解的这个词。

赫斯先生回复说，COSO 对 performance 这个词的选取非常满意，为什么没有选取 implementation（实施）或 delivery（实施、交付）这个词，是因为这两个词和 execution（执行）一样，都是需要有一个主语，即“谁”执行或实施，而且在英语语境里，execution（执行）和 implementation（实施）一样，定位主要是在执行层面或实施层面的工作。而 performance 不一样，没有固定的主语和层级要求，主要描述一个“做”的工作过程。企业管理自上而下三层结构如图 1.9.3 所示。

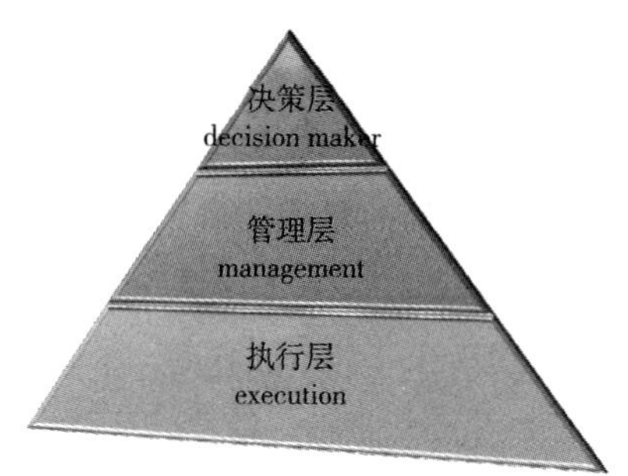

图 1.9.3　企业管理自上而下三层结构

笔者恍然大悟，原来 COSO 没用这几个词，其实是不想让有些组织产生误解，认为第 3 个要素的内容仅仅是执行或实施层面的工作。

这让笔者重新思考 performance 这个词的含义，结合赫斯先生对这个词的解释，重新查了几个词典。对于 performance 我们经典的翻译方式为“绩效”，是指一种可以衡量的结果。其实，这个词还有一个意思就是指代一个过程，而不是结果，按照 COSO 的原意应该如何翻译这个词最为恰当呢？

笔者思来想去，找到了一个词：“运行”，这个词与 COSO 要表达的原意最为切合，指代一个工作过程，没有针对某一具体主体或层级的含义，就像我们期待的风险管理工作那样，定义好了工作环境和要素，风险管理工作就自然而然地在企业各层面、各职能、各部门自动“运行”，而不是被某一具体方执行或实施。笔者也将思考的结论告诉了赫斯先生，希望日后可以在中英文表达上保持一致，他表示已经注意到两个词不同含义可能带来的误解，中文翻译的时候会对此特别关注。如果有的组织按照原来的理解和习惯用法，翻译为“执行”笔者认为也是可以接受的，前提是企业已对上述含义有了明确的认知。

希望对这个词的解释大家可以满意。

第10篇　审阅和修订要素

——COSO新版企业风险管理框架全文解读（九）

如图1.10.1所示，审查与修订部分作为新版企业风险管理框架的第四个要素，因为组织的风险管理实践和能力需要随着时间、环境、业务背景发生变化，所以需要适时审阅风险管理工作的适用性，一共包含三个原则：

15. 评估重大变化
16. 审查风险和绩效
17. 企业风险管理的改进

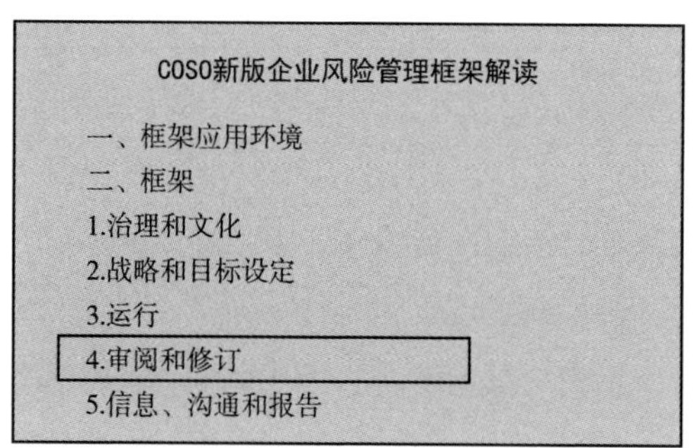

图1.10.1　COSO新版企业风险管理框架目录（9）

一、评估重大变化

这部分包括三个方面的关注点：

- 经营过程中的整合审查，识别剧烈变动的情形；
- 内部环境的变化引起的重大变化，如发展速度、创新技术、重大人事变革；
- 外部环境的变化引起的重大变化，如监管和经济环境等。

二、审查风险和绩效

这部分包括两个方面的关注点：

- 经营过程中的整合审查，对风险管理的整体效果和绩效的实现情况；
- 考量主体能力，超额完成绩效和未达成情形下的风险承担。

三、企业风险管理的改进

这部分包括一个方面的关注点：

- 针对一些反馈持续改进企业风险管理工作，如新技术或运行过程中发现的缺点、组织的变动、风险偏好、风险分类、沟通的情况、行业对标、业务的发展速度等。

本要素并没有包含风险管理工作的监督内容，这部分内容应该也属于这个要素的一部分，本框架给出的意见是，与监督相关的内容直接参考 2013 版 COSO 内部控制框架的相关监督内容部分。

专题

1. 当下就面临对重大变化的评估

前几年，我们在协助企业进行评估时，一个重大变化是必须要考虑重大人事变动。如果有重要的人事变动，尤其是一把手变动时，对整个企业的风险偏好、风险承受度、风险文化等都会产生根本性的影响，这是一个在当前中国企业中不得不考虑的变动要素。

主要领导人的性格、年龄、性别、经历、特长、个人偏好等使其在管理和决策中会展现出与之前的不同领导风格。所谓不确定性中的确定性，就是组织可以建立一套可以长期被认可和实践的制度、流程和文化，打造这样的组织确定性偏好来尽量避免个人偏好的不确定性，使组织可以在大方向上不至于由于领导层的更迭而偏离太远。

在当前的巨变环境下，企业最需要的就是评估未来环境的巨变给企业带来的最大变化，如笔者主编的《国有企业融合风控体系实践与案例》一书第一篇“巨变时代，这才是企业最大风险和挑战”中描述的那样，新科技带来了新文明，外部环境的巨变已经将企业原来存在的基础都改变了，企业如果意识不到这一点就是最大的风险。

这几年，如果你发现企业更新了使命、愿景及战略目标，那这个企业是对外部环境的变化保持了警觉性；如果还没有行动，请企业一把手好好认真思考一下吧，当下就是企业重新思考和定位的时刻！

2. 对主体超额绩效完成的关注

我们今天谈到组织面对风险时，不是传统理解的一味躲避，而是要更明智地管理，其中包含了如果更好地承担风险来实现目标。企业想要实现目标，必须要承担风险，而对风险的明智管理是实现目标所需要具备的最重要的能力（更激进的表述是唯一的能力）。

在这样的前提下，对风险的明智管理有可能完成超额目标，如实现了超额利润。这是所有企业都努力追求的，但从风险管理的角度，超额完成绩效也会带来新的风险。一是上面提到的审阅风险和绩效中对主体能力的考量，是否为了完成超额目标透支了企业未来的发展能力。二是COSO框架里也没有涉及的，就是完成了超额目标，有没有用来增强企业未来的发展能力。

风险管理这套理论的思想在未来一定会备受瞩目，因为我们已经进入了不确定性的时代，用来管理不确定性的管理系统只有这一套相对成熟，这是时代发展赋予的历史使命，对于企业打造未来的差异化竞争优势至关重要，希望我们的企业管理层和从业者，一定牢记使命，勇敢前行！

第11篇　信息、沟通和报告要素

——COSO新版企业风险管理框架全文解读（十）

如图1.11.1所示，信息、沟通与报告部分作为新版企业风险管理框架的第五个要素，信息爆炸的今天，如何更有效地处理和传递信息，已经对组织实现战略和商业目标具有至关重要的作用，本部分一共包含三个原则：

18. 利用信息技术
19. 沟通风险信息
20. 对风险、文化和绩效进行报告

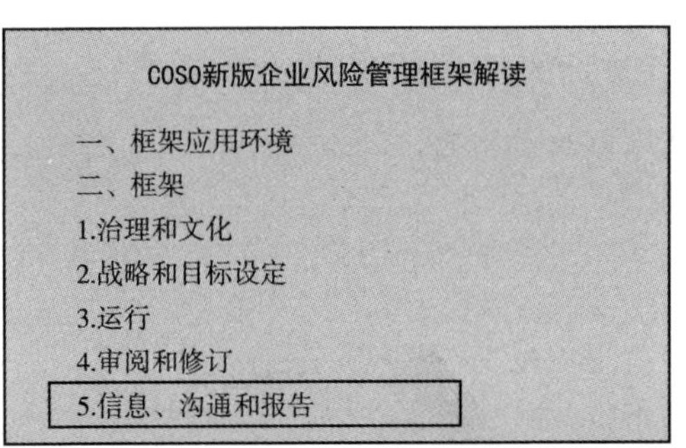

图1.11.1　COSO新版企业风险管理框架目录（10）

一、利用信息技术

这部分包括七个方面的关注点：

- 在风险管理的各要素中使用高质量的信息；
- 处理结构化和非结构化的信息；
- 数据源和信息处理；
- 风险信息的分类整理；
- 有效的数据管理；
- 信息系统的应用；
- 改变信息收集技术满足不断变化的需求。

二、沟通风险信息

这部分包括三个方面的关注点：

- 与利益相关者进行沟通交流；
- 与董事会进行沟通交流；
- 利用多样化的沟通方式。

三、对风险、文化及绩效的报告

这部分包括七个方面的关注点：

- 确定报告使用方及其角色；
- 报告的属性；
- 报告的类型；
- 向董事会进行报告；
- 关于文化的报告；
- 报告中的关键指标设定；
- 报告的频率和质量。

了解之前COSO的风险管理和内部控制框架的朋友，可能会发现新框架的后两个要素和以前相比好像调换了位置，原来信息与沟通作为第四个要素，目前放在了第五个作为最后一个。这么调整的原因是中间三个要素是企业运行的一般程序，而第一个要素“治理和文化”与第五个要素“信息、沟通和报告”为企业的整体运行提供了支撑。

思考

风险管理中一直强调信息沟通的作用，为什么？

你是否真正理解信息的强大力量，以至于到现在人们都无法准确定义“信息”这个概念。信息这个神奇的东西，甚至可以打破能量守恒定律而存在。

当前的社会是一个信息社会，而人类通过加工信息就转变为知识，信息社会造就的知识文明就是下一代文明的定义。

按照《信息论》的创始人香农的观点：信息的基本作用就是消除不确定性。

从信息的角度，不确定性越大，所带来的信息量越大；反之，信息量越大，表明蕴含的不确定性也越大。这可以很好地解释，为什么我们进入信息社会后，感受到的不确定性会如此强烈，对风险的理解也变得如此重要。

如果大家还记得笔者之前提出的定义，风险的本质就是一种不确定性，体现的是我们对一种不确定状态的认知，因此，如果信息消除了不确定性，其实也在某种程度上消除了风险，所以有人说风险来自信息的不对称性。

那是不是所有的信息都对称了，不确定性就没了，风险就消失了？

对称性破缺理论告诉我们，世界充满了不对称性，就连最完美的对称蕴含的都是最大的非对称性，它的根源是人类能够获得和感知的信息和宇宙信息的对称程度决定的，这是一个无止境的过程，所以，信息不对称现象永远存在，不确定性永远存在，所以，风险会一直存在！

返回到实际的商业社会，我们应该为得出这样的结论而感到高兴，因为我们可以从更加真实的角度，用更加平衡的思维看到事物运行的本来面貌。

如果不承担风险，你将一无所获！

If you risk nothing，you gain nothing.

第12篇　详解十大变化与五大误解

——COSO新版企业风险管理框架全文解读（十一）

本篇我们分析COSO 2017年版企业风险管理框架与2004年第一版的风险管理框架相比的十大变化，以及2004年以来人们对企业风险管理工作的五大误解。

一、十大变化

（一）应用了要素加原则的书写方式

自2013年COSO更新了1992年的《企业内部控制——整合框架》（*Internal Control-Integrated Framwork*）以来，COSO就采用了这一国际文件惯用的书写结构——要素加原则（componets and principals）。本次新版企业风险管理框架也告别了2004版的立方体8要素框架（见图1.12.1），而改为今天大家看到的5要素20项原则的框架（见图1.12.2）。

（二）简化了企业风险管理的定义

2004版框架对企业风险管理的定义为：ERM是一个过程，它由主体的董事会、管理层和其他人员实施，应用于战略制定并贯穿于企业之中，旨在识别可能会影响主体的潜在事项，在风险容量的范围内管理风险，为主体目标的实现提供合理保证。

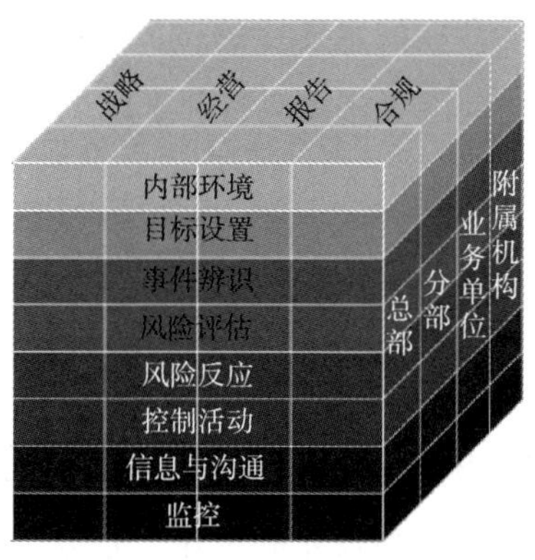

图 1.12.1 2004 版企业风险管理框架要素

图 1.12.2 2017 版企业风险管理框架要素

新版框架对企业风险管理的定义为：组织在创造、保持和实现价值的过程中，结合战略制定和执行，赖以进行管理风险的文化、能力和实践。

旧定义被完全摒弃，重新将企业风险管理和企业价值紧密关联，以作为一种文化、能力和实践提了出来。

（三）强调了风险和价值之间的关系

新的风险定义提升了和战略及绩效的讨论，更新后的框架强调企业风险管理在创造、保持和实现价值的角色。企业风险管理不再是主要侧重于防止对企业价值的侵蚀事件和降低风险到可接受的水平。相反，它被视为不可或缺的战略设定和抓住机遇来创造和保持价值的一部分。不再简单地专注于降低风险的目标，企业风险管理成为一个动态的、管理主体整个价值链的一部分。

创造价值是一个主体存在的主要目的，虽然价值可以分为财务价值和非财务价值。风险和价值之间的紧密关联有利于风险管理帮助企业目标的实现，定位更明确。

（四）重新定位了企业风险管理的侧重点

新版框架中强调将企业风险管理工作融入企业的所有业务流程中去。从战略目标的设定流程到商业目标的形成，再到执行过程中完成绩效的情况，企业风险管理工作不是额外的和独立的工作。企业风险管理的角色是要参与组织运营，管理绩效完成过程中的风险并最终实现组织对价值的追求。

例如，框架中没有单独提到风险报告，而是要求对影响战略和商业目标达成以及绩效实现的潜在或现存的风险表现进行报告。

（五）检视了文化的角色

新版框架中最突出的变化之一是强调了文化在整个企业风险管理工作中的重要性。在风险治理的大背景下，要理解和认识到文化的重要性以及其如何影响框架的所有其他要素。

例如，在框架的最开始，介绍了文化和大的商业环境的关系，以及这种关系如何影响最后战略的选择和执行。更重要的是，它提供了一个风险识别和评估的条件，以及如何配置资源来应对这些风险。

（六）提升了战略层面的讨论

新的框架分析了在过去这些年发生的最明显的一些组织上的失败，是由于战略的选择有悖于主体的使命、愿景和核心价值观。即便是建立了这两者的协同性，很多组织仍然不明白战略选择之后对应的风险概况是什么样的。然而，很多组织把一些看上去微不足道的运营上的小失误最后演变升级成威胁主体长期生存能力的大事件。

新版框架从以下三个方面提升和扩展了风险管理对企业战略层面的作用：

（1）战略和商业目标和使命、愿景及核心价值观不一致的可能性；

（2）已选战略的风险内涵；

（3）战略实施中的风险。

这三个方面的内容都显示了风险对战略的影响，新版框架详述了这些细节并定位了企业风险管理的重要性。

（七）增强企业风险管理和绩效的协同性

就像框架的标题所表达的那样，框架强调了风险和绩效之间的关系，使风险管理成为设定商业目标、实现绩效的一部分。

（1）新版框架探索了企业风险管理工作如何识别和评估影响绩效实现的风险；

（2）通过设定可接受的绩效波动范围，新框架中表述了绩效的变化导致商业目标下的风险概况的变化，反之亦然；

（3）新版框架中也强调了风险评估和风险报告不是用来生成一堆潜在风险清单，而是这些风险如何影响战略和商业目标实现。

如图 1. 12. 3 展示的风险绩效曲线，非常清晰地表述了不同绩效目标下承担的风险量，通过对比主体承担的风险量和风险偏好的差距，还可以协助组织更好地识别和发现主体的发展机遇。

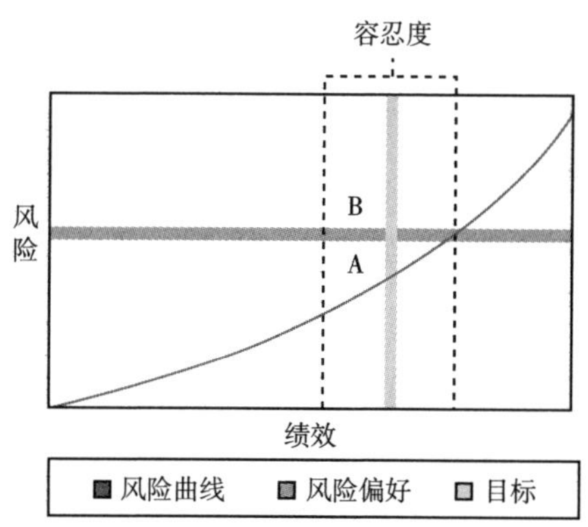

图 1. 12. 3 风险—绩效曲线

（八）明确将企业风险管理纳入决策流程

所有主体核心价值链上的每一个阶段都会面临大量的决策，因为所有的主体都追求创造、保持和实现价值，这些决策通常都是围绕着战略目标选择、商业和绩效目标设定以及资源分配进行。整合融入企业全寿命周期各个环节的企业风险管理工作支持了这种具有风险意识各种决策。

新版框架按步骤分析了如何组织风险概况信息用于提升整体决策水平。这些信息包括对风险类型和严重程度，以及如何影响商业环境，理解识别和评估风险的基础假设，主体的风险文化和风险偏好等。

（九）说明了风险管理和内部控制的关系

COSO 表示，企业风险管理框架不是要取代或接替 2013 年发布的 COSO 内部控制框架，两个框架各有不同但互相补充，虽然两个框架都采用了要素加原则的写法，但内容大不相同。

为了避免冗余，一些典型的内部控制内容在本框架中并未列示，也许最有代表性的就是控制活动。同样，在内部控制中介绍过的一部分内容在本框架中被进一步地发展和完善了，如关于治理的内容。

一再强调风险管理和内部控制的关系，是由于前些年 COSO 把他们搞得太像了，非常容易混淆两项工作的范围和界限，但 COSO 又不好意思直说自己原来存在的问题，所以采取的还是比较温和地描述二者关系的方式。

（十）优化了风险偏好和容忍度的概念

新版框架重新定义风险偏好和风险容忍度的概念，风险偏好大致保留了原来的定义，即主体在追求战略和业务目标的过程中愿意承受的风险量。而风险容忍度不再理解为风险偏好的细化或具体化，而是用绩效的语言来表达。在风险概况图中，用风险偏好和绩效线垂直相交来表示二者的关系。

通过重新定义风险容忍度，可以更加明确地表明在给定的绩效目标下应该承担多少风险，组织可以清晰地看出当前绩效下可接受风险的边界。这些边界可以让组织评估绩效的变化是否在可接受的范围内。让我们不再孤立地看风险和绩效，而是整体看两个之间的相互关联和互相影响。

二、五大误解

自 2004 年 COSO 第一版企业风险管理框架发布以来，COSO 对过去十几年间出现的对原始框架的一些误解进行了澄清。

（1）企业风险管理并不是仅指一种职能或部门，而是一种与公司战略制定与实施相整合的文化、能力和实践，旨在利用风险管理创造、保持和实现价值。

（2）企业风险管理不仅仅是风险的罗列。它要求的远不止于对公司内部风险进行罗列，而是管理层用于积极管理风险的一项更为广泛并包含实践的工作。

（3）企业风险管理远不止于内部控制。它还涉及其他主题，如战略制定、治理、与利益相关者沟通以及绩效评估。其原则适用于组织的各个层面和职能。

（4）企业风险管理不是一张检查表。它是一套可适用于具体企业的原则，是一套监督、学习、改进绩效的体系。

（5）企业风险管理适用于任意规模的企业。任何具有使命、战略和目标并且在做决策时需要充分考虑风险的企业，都能运用企业风险管理。企业风险管理能够并应当被应用于任何类型的企业，从小公司到社区企业，到政府机构乃至世界 500 强公司。

第13篇　COSO新框架为什么推迟了一年才发布？

——COSO新版企业风险管理框架全文解读（十二）

2016年6月，COSO发布了第二版企业风险管理框架更新版文件征求意见稿，用3个月的时间在全球范围内征求意见，至2016年9月30日，并且发布消息称正式版文件将于2016年底发布。

但是之后对于正式版文件的发布一拖再拖，最终发布时间定在2017年9月6日。距离征求意见截止日期过去了将近1年的时间，这期间到底发生了什么？导致COSO多次爽约。就像评论征求意见稿相比2004年第一版框架带来的冲击那样，框架正式版对于征求意见稿推出的框架又进行了翻天覆地的变化，这中间经历了什么？关键时间见表1.13.1。

表1.13.1　　COSO ERM修订关键时间

时间	内容
2014年10月	COSO启动风险管理框架修订工作
2016年6月	COSO发布修订版《企业风险管理框架》征求意见稿
2016年9月	征求意见结束，COSO内部开始整理意见并完善框架
2017年3月	正式版计划发布日，发布消息推迟到年中
2017年6月	未发布，COSO主席私下告知笔者推迟到8月底
2017年8月	未发布，私下告知9月6日正式发布
2017年9月	正式发布文件（修订文本6月已初步定稿）

本篇主要介绍 COSO 新版风险管理框架出台前的那些事儿。

一、征求意见期间的一些统计数据

COSO 发布的征求意见稿在 2016 年 6 月 15 日向大众公开。这份具有革命性的风险管理框架文件引起了广泛的国际性关注，有近 10000 次的下载量，其中约 46% 的下载来自美国以外的地区。从这个角度来讲，征求意见的 54% 都是来自美国本土。

普华永道（PWC）是这个框架起草项目的撰稿人，并定期向 COSO 的董事会汇报。其团队包括许多之前参与过 COSO 项目的负责人，他们对最初的框架有着非常深入的了解，COSO 董事会也组织了一个代表行业、学界、政府机构、非营利组织的顾问委员会，同时还邀请了观察员去参与每次关于框架文件的讨论会议。

征求意见期间起草团队总共收到了约 48 份评论信件，以及超过 200 份的网络问卷答复。评论信件中大约包含 1600 多条意见，在线调查给出了约 400 多条意见。起草团队还在媒体上发布了相关文章，点击量超过 280 万，答复超过 3000 条。

所有这些评论都是在修订定稿过程中主要的考虑因素。

除了公开征求意见外，普华永道团队也通过 40 多次的会议、论坛和研讨会向大众获取不同的意见。

二、主要的征求修改建议

1. 支持的内容

关于 COSO 提出的加强风险管理和战略及业绩方面的关系，许多反馈者都表示支持 COSO 这样的倡议，强调将风险管理融入公司运行有利于支持各项决策。

2. 主要的分歧

一些人建议要对征求意见稿中提出的框架进行大刀阔斧的重新设计，但有些人表示框架最好保持一致性，只需要对特定的部分进行修改。关于征求意见稿和正式版本的区别，笔者曾专门撰文详细进行解读。

下面就有争议的部分内容进行详细介绍。

（1）关于风险的定义。

新版本框架中风险被重新定义为：

事项发生并影响战略和商业目标实现的可能性（The possibility that events will occur and affect the achievement of strategy and business objectives）。

与2016年征求意见版定义保持一致，但与2004年版本有明显的不同，2004年版本的定义为：

事项发生并给目标实现带来负面影响的可能性（Risk is the possibility that an event will occur and adversely affect the achievement of objectives）。

但两个版本的定义都是将风险落脚在可能性上，征求意见过程中，有人建议将风险仅定义为影响；有人建议延续2004年对风险的定义，将风险分为威胁和机会；还有人建议关注风险的不确定性。

同样地，在ISO 31000风险管理指南出台的过程中，对于风险的定义也是经历了大量的讨论，甚至是出台后，ISO内部的各种标准对于风险的表述也是五花八门。例如，2015年出台的ISO 9000中，将ISO 31000的风险定义改为不确定性的影响，内部的不协调性和不严肃性可见一斑。

不管是COSO还是ISO，都代表着被全球范围认可最广的机构，对于风险的认识莫衷一是。

前段时间，笔者专门写了一封长信给COSO现任主席，表达了对于这样的情况COSO在部分内容的摇摆中迷失了方向，有的应该坚持的却丢掉了，有的应该丢掉的却坚持了。所有这些，我们在中国已经研究和实践了十几年，我们有自己独特的见解，就像COSO框架中说的那样，风险管理工作是一项实践。因此，我们有底气和这些所谓的国际专家切磋交流。

（2）关于风险管理的定义。

新版本中关于风险管理的定义为：

组织在创造、保持和实现价值的过程中，结合战略制定和绩效，赖以进行管理风险的文化、能力和实践（The culture，capabilities，and practices，integrated with strategy-setting and performance, that organizations rely on to manage risk in creating, preserving, and realizing value)。

其与征求意见稿的差别是将原来的执行（execution）改成了运行（performance），这与主体框架中把原来一章名为执行中的风险（risk in execution）改成运行（performance）相呼应，COSO 解释这种变动是因为在全球不同区域对于执行中的风险的理解不一致。

在征求意见中，有人建议将新版本定义中的“创造、保持和实现价值”去掉，以区别企业风险管理和风险管理的差别，便于使本框架可以在更广泛的主体类型中适用。但通过审慎考虑，最后这样的定义还是被坚持了下来。

另外，新版的企业风险管理定义为一个“文化、能力和实践”，有人建议将企业风险管理定义为一个功能而非能力，但最终没有被采纳。因为 COSO 认为风险管理工作应该更注重能力和实践，而非是一个单独的功能。

2004 年的风险管理框架中企业风险管理的定义：

企业风险管理是一个流程，受董事会、管理层和其他人员影响，应用于战略设定并贯穿整个企业，设计如何识别影响主体的潜在事件，管理风险使其在风险偏好的范围内，为主体目标的实现提供合理保证（Enterprise risk management is a process, effected by an entity's board of directors, management and other personnel, applied in strategy setting and across the enterprise, designed to identify potential events that may affect the entity, and manage risk to be within its risk appetite, to provide reasonable assurance regarding the achievement of entity objectives)。

这个企业风险管理定义脱胎于 1992 年的企业内部控制的定义，是一个控制框架的定义方式，而不是一个管理框架的定义方式。所以 2004 年版的企业风险管理定义其实没有被大规模的研究和引用，起码在中国是这样。

（3）风险管理与决策制定的联系。

新版框架中倡导的风险管理工作要支持企业的各层更好地作出决策，与 2004 年之后出现的“风险导向”不同，新版框架倡导的是“决策导向”，或称“目标导向”。

（4）关于风险容忍度。

新版框架中，为了避免风险而谈风险，删除了原来风险承受度的概念，用绩效波动的可接受程度来代替，这样有利于将风险和企业绩效紧密地关联在一起。

但一些人反对用绩效波动代替风险承受度的做法，并强烈要求继续沿用2004年框架中对于风险承受度概念的表述。最终COSO还是坚持了目标导向的原则，用绩效的波动区间替代了原有的风险承受度的概念。

另外，在修订过程中，大量的不同意见还来自：对文化角色的定义；对企业风险管理与内部控制的关系；对于风险评估技术实用性（包括风险量化）的问题；对于是否可以给出更多实操性指导等方面。

无论如何，新版的企业风险管理框架还是给了全球风险管理从业者一定的启发和参考，特别是其自我革命的精神还是值得称赞的，再有就是提供了一个清晰的思路，将风险管理工作融入企业管理活动，这个定位对曾经出现的风险管理工作的错位进行了矫正。

第14篇　风险管理“三道防线”含义已变！

——COSO新版企业风险管理框架全文解读（十三）

一、风险管理“三道防线”的概念

一谈到企业风险管理的“三道防线”概念。我们就会想到前些年企业进行全面风险管理体系建设时，经常提起的在组织机构层面建立企业风险管理的“三道防线”的做法，即企业的业务部门作为前端部门是风险管理的第一道防线；企业风险管理职能机构作为风险管理的第二道防线；企业的内部审计职能机构作为风险管理的第三道防线。

三道防线共同组成了企业风险管理的防线系统，中国企业前些年进行的风险管理体系建设的主要内容，是以建设第二道防线为主，包括建立组织机构和工作机制，识别和评估包括整个风险管理防线系统的相关风险，作为第二道防线工作开展的基础。

图1.14.1是前些年我们对典型的三道防线组织架构图的理解。

在国际上，也有与国内“三道防线”提法相对应的概念，即three lines of defense，也可以直译为三道防线。即：第一道防线是risk owner（风险所有方），是指业务单元或部门；第二道防线是risk management（风险管理），前些年在风险管理理论还不太成熟时，也有称第二道防线是risk control and compliance（风险控制与合规）；第三道防线是risk assurance（风险保证），主要是指内部审计部门。

“三道防线”的概念到底是中国人先提出的还是国际上先出现的，我们还没有找到确凿的证据，如果是国际上先出现的，中国的三道防线概念的提出是否是借鉴了国际经验，现在还不好下定论。

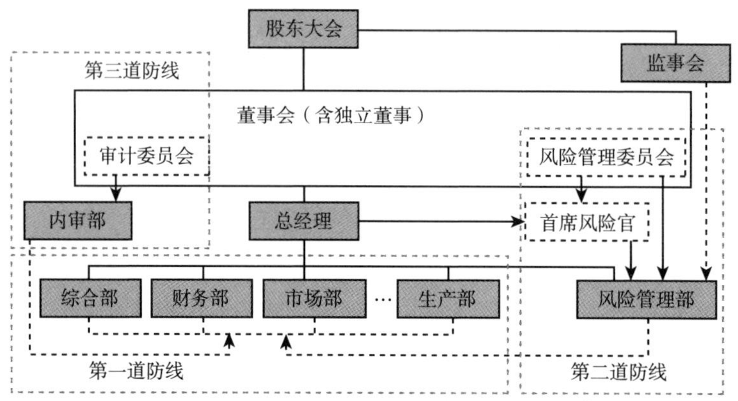

图 1.14.1　三道防线示意

二、新版 COSO - ERM 中对于“三道防线”的表述

新版框架在附录中也阐述了对于三道防线的概念，是从风险管理责任的角度论述的，谈到了首席执行官（CEO）、首席风险官（CRO）和管理层三个层面各自的风险责任。

同时，也阐述了风险管理责任落实的第一道防线是：核心业务部门（core business）；第二道防线是：支持职能部门（supporting function）；第三道防线是：保证职能部门（assurance function）。

核心业务部门：与我们前期提到的第一道防线的概念基本一致，即企业管理的前台部门，作为风险管理的第一责任机构。

支持职能部门：这部分作为第二道防线和前期的提法变化最大，支持职能部门除了包含风险管理专职职能之外，还包括法务、合规、财务、人力、质量、安全等，所有可以协助一线核心业务部门进行风险管控的职能，都应该属于支持职能部门，即第二道防线。

保证职能部门：主要指的是审计部门，包括内部审计和外部审计。

其中和我们原来三道防线的提法变化最大的就是第二道防线的内容，对原来风险管理职能进行了重新定义。原来我们指的是风险管理职能部门和风险管理委员会组成了企业风险管理的第二道防线。现在第二道防线将风险管理职能部门的范围扩展到了所有支持部门。应该说，这是一种进步，是将风险管理工作从独立的视角向整合的视角，以及更好地从企业管理活动的实际出发进行的重新定位。

其实，COSO 早在 2015 年就专门发布过关于企业风险管理三道防线的说明性文件，阐述了类似的理念。

三、企业核心价值链是纲，“三道防线”是目，纲举才能目张

基于 COSO 新版企业风险管理框架的方向性变化，可以看出，风险管理还是要遵守企业管理的法则，从整体企业价值创造的角度出发，才能更好地找到自己的位置和价值。就三道防线而言，要结合企业核心价值创造的一系列活动来定义，才能更好地体现风险管理工作的意义和价值。

美国著名战略学家迈克尔·波特提出的“价值链分析法”（michael porters value chain model），把企业内外价值增加的活动分为基本活动和支持性活动。基本活动包括生产、销售、采购、售后服务等核心环节；支持性活动涉及人事、财务、计划、研究与开发等。基本活动和支持性活动构成了企业的价值链。

不同企业参与的价值活动中，并不是每个环节都创造价值，实际上只有某些特定的价值活动才真正创造价值，这些真正创造价值的经营活动，就是价值链上的“战略环节”。企业要保持的竞争优势，实际上就是企业在价值链某些特定的战略环节上的优势。

运用价值链的分析方法来确定核心竞争力，就是要求企业密切关注组织的资源状态，要求企业特别关注和培养在价值链的关键环节上获得重要的核心竞争力，以形成和巩固企业在行业内的竞争优势。企业的优势既可以来源于价值活动所涉及的市场范围的调整，又可以来源于企业间协调或合用价值链所带来的最优化效益。波特的价值链分析法如图 1.14.2 所示。

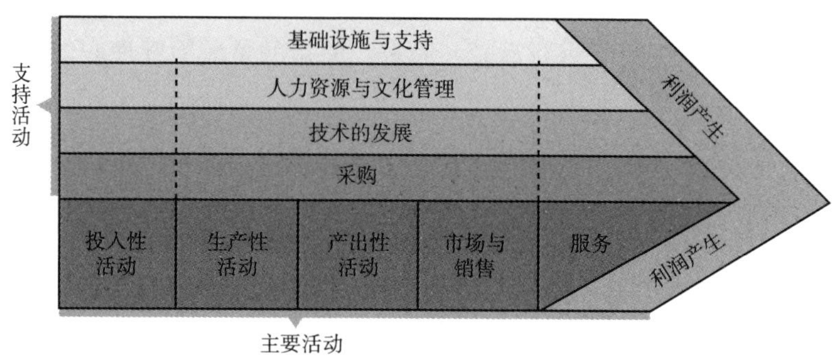

图 1.14.2 价值链分析法

四、构建企业核心价值链下的新型“三道防线”

根据上述分析，为了让风险管理工作更好地发挥价值，必须将风险管理工作更好地融入企业的管理过程，嵌入企业管理活动中，而不是单搞一套，造成形式主义。

结合 COSO 关于三道防线的方向性建议与企业核心价值链的构造，结合中国企业的实际，我们可以粗略地构思出如图 1.14.3 所示的关于新型“三道防线”含义的表达。

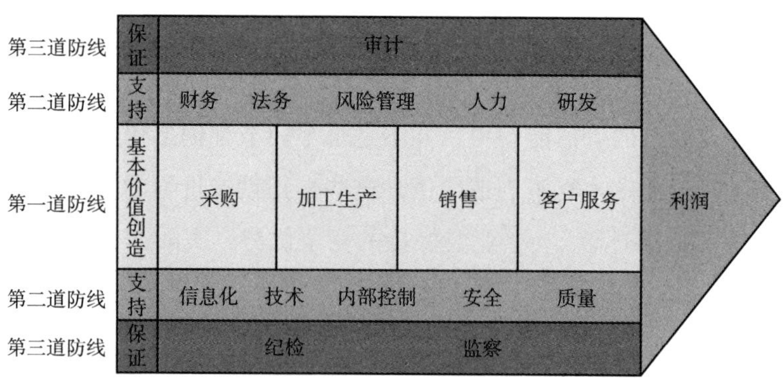

图 1.14.3 三道防线变形

图 1.14.3 以制造业企业为蓝本，中间一行以基础价值创造活动为核心，构成了风险管理的第一道防线。

基础价值创造活动两旁是支持职能，以更好地支持基础价值创造活动的目标达成。除了我们说的风险管理专职职能如风险管理、内部控制，还包括我们比较常见的财务、法务、人力、研发、信息化、技术、安全、质量等，其他内容不再一一列举，只要符合我们对第二道防线的定义范畴，都可以算是第二道防线的支持职能。

最外围的是保证职能，也就是第三道防线，包含了审计职能（内部审计与外部审计），还包含中国企业特有的两块职能——纪检和监察，共同组成了第三道防线。

如果最终的价值体现可以归结为利润，那么我们就可以以利润达成为目标，当然价值的体现不仅仅可以归纳为利润，我们前面的文章中介绍过关于价值的内容，在此不再详述。

五、企业风险管理中“三道防线”的职能发挥

企业风险管理的三道防线概念既然已经明确，那么各道防线对于风险管理责任的承担是怎么分配的呢?

在前些年中国企业风险管理体系建立的过程中，曾经有一段时间，有一部分企业的相关领导认为，企业的风险管理工作就应该是风险管理专职职能负责。最开始企业的各业务部门对此种权利的划分是有意见的。

有的质疑风险管理部门的精力是否可以照顾到每类风险，有的质疑风险管理部门不够专业来管理这么多类风险，还有的是因为不想让风险管理部门插手自身业务太多，对自己形成牵制。尽管有这么多的质疑，有的企业领导在初期还是把各类风险管理的权利和职责分配给了风险管理职能部门。经过一段时间的运行，突然有一天企业各业务部门醒悟了，觉得这样的授权方式太爽了，业务部门的风险都由风险管理部门负责，自己不用再担心出事担责任了，而风险管理部门则被这种突如其来的“充分授权”搞得头昏脑涨，苦不堪言。

在风险管理工作开展的初期，种种如上的错位还有很多，这样的决策破坏了企业管理最基本的“责、权、利”的统一和对等。

企业风险管理的职责和企业管理的职责是一致的，被授予了什么样的权利，即同时授予了相对应的风险管理的职能，这是不能分割的一个整体。

我们可以通过华为的企业风险管理实践了解企业应用层面的经验，第一道防线即为风险的所有者（owner），是企业风险防控的第一责任人，通过第一道防线要解决 95% 的问题[①]，接下来才是要第二道防线和第三道防线要进行查漏补缺的。但是这里也要明确一点，第二道防线和第三道防线在查找和明确这 100% 的问题是什么的过程中，需要付出大量的时间和精力来保证这种机制顺利运转的工作基础。

① 《内外合规多打粮，保驾护航赢未来》任正非　在监管体系座谈会上的讲话，2016 年 12 月 1 日。

第 15 篇　什么是风险绩效曲线？

——COSO 新版企业风险管理框架全文解读（十四）

在 COSO 委员会 2017 年 9 月公布的新版企业风险管理框架中，最大的一个变化就是不再孤立地谈风险管理工作，而是将其作为一个文化、能力和实践，使其更好地融入企业管理中，为企业实现其各层面的管理目标而服务。为了更好地体现这种融入，新框架中介绍了一个“风险概况图”并出现数次，用来解释一个用以关联风险和绩效的曲线。

一、最基本的风险绩效曲线介绍

图 1. 15. 1 就是最基本的 COSO 的风险绩效曲线，用横轴表示绩效（performance），纵轴表示风险（risk），一条曲线绘制了不同绩效目标下需承担的风险概况。竖线是目标线，指的是绩效目标设定的大小。横线表示的是主体的风险偏好，这个风险偏好描述和以往我们理解的风险偏好稍微不同，它包含了承担哪些风险类型和承担多少风险量的整体表述。

曲线与目标线的交点，指的是在既定的绩效目标下，需要承担的相应的风险概况；曲线和风险偏好线的交点即承担的风险达到风险偏好时，可以实现的绩效目标；或者说当绩效目标增长到某一特定值时，主体承担的相应风险达到风险偏好的总量。

如果主体的绩效目标设定在了风险偏好以上的曲线对应的 X 轴的绩效值，那将是一种被视为冒险和激进的绩效目标。

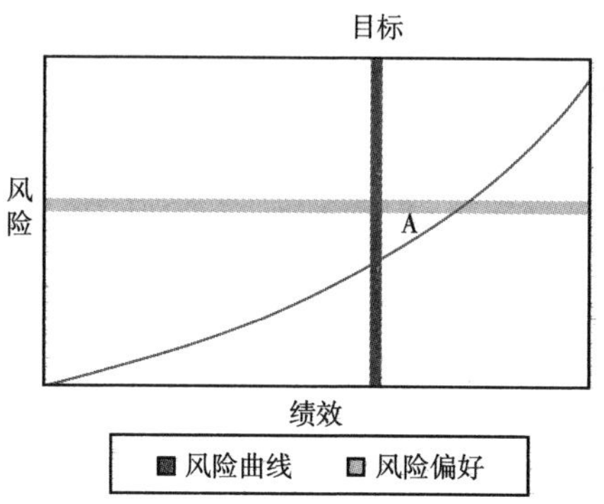

图 1. 15. 1 风险绩效曲线（基本图）

二、为了体现风险与绩效关系，舍弃了风险承受度的概念

为了更好地展示风险和企业绩效之间亲密无间的关系，COSO 也是下了血本，把风险承受度的概念给删除了，要知道这个概念在风险管理领域可是深入人心的概念。COSO 为了使风险和绩效可以直接挂钩，“不让中间商赚差价”，必须把能省的都省掉，所以风险承受度的含义就被整合进了风险偏好，而启用了“可接受的绩效波动范围”作为承受度（容忍度）的新概念。如图 1. 15. 2 所示。

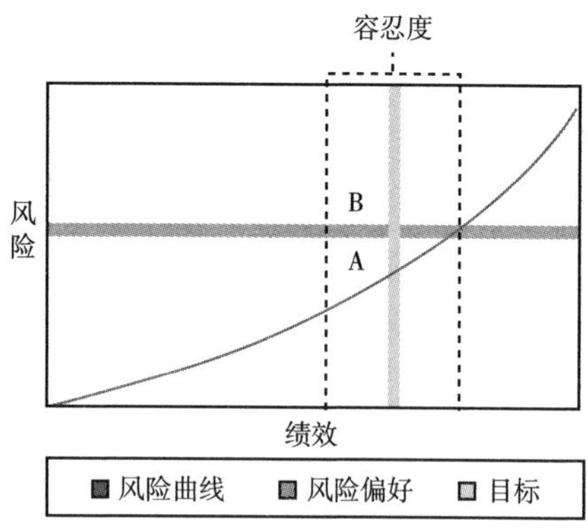

图 1. 15. 2 风险绩效曲线（容忍度）

在图 1.15.2 中，虚线与横轴的两个交点之间的距离，即是代表不同的绩效值，代表着“可接受的绩效波动范围”，这就是原来对于“风险承受度”概念的直接外现。

三、什么是绩效

COSO 本次框架更新虽然画出了风险绩效曲线，但是并没有详细定义 Y 轴的绩效（performance）到底是什么，只是对绩效管理进行了定义：

绩效管理：对实现或超过战略和商业目标所做付出的度量。

既然风险要和绩效挂钩，我们还是有必要探讨绩效到底是什么东西？笔者翻阅了全球的一些具有代表性的企业风险管理相关文件，这个词的上镜率并不高，目前还没有风险管理文件对绩效下定义，为什么？

因为绩效本来就不属于风险管理的范畴，绩效管理在企业管理体系中也可以称为一个历史悠久的独立子体系，它的出现比系统的风险管理理论还要早，为什么？因为绩效是企业经营管理中的核心部分，如果用我们前面谈到的三道防线的概念，企业的绩效目标应该是所谓的第一道防线最需要达到的核心目标（当然广义的绩效不仅局限于第一道防线），也可以说企业运行的短期目标就是要实现所设定的绩效，用以支撑企业战略的实现，进而支持企业愿景和使命的实现。

在国际标准化组织 ISO 发布的 9000 系列族谱中，在《基础和术语》一文中对绩效进行了定义：

绩效：可度量的结果（performance：measurable result）。

西方对绩效有两种不同的理解，其中之一代表的是伯纳丁（Bernardin），其在 1984 年发表的文章中《绩效评估：评估工作中人的行为》（*Performance appraisal：assessing human behavior at work*）中把绩效定义为“对在特定时间段和特定工作或活动中产生的结果的记录”，认为绩效就是结果。以墨菲（Murphy）为代表的另一种观点，就像其在 1990 年发表的《绩效薪酬与高管激励》（*Performance pay and top-management incentives*）中论述的那样，认为绩效是组织中的某种工作与组织目标有关的一组行为。显然，ISO 采取的是第一种对绩效的定义。

我们不必揪这些字眼儿，从中文的角度通俗地来看：绩就是业绩，体现企业的一系列考核指标，包括目标管理和职责要求；效就是效率、效果、态度、行为、方法，是一种行为，体现的是企业的管理成熟度目标。绩效就是组织对期望的结果或行为的一种度量，它包括个人绩效和组织绩效两个方面，可以是定量的，也可以是定性的。

前些年，中国国家标准委员会参考了美国国家质量奖的相关做法，引进了卓越绩效评价概念，将领导力、战略、客户与市场、资源、过程管理、分析与改进、结果七个方面作为衡量一个企业绩效的是否卓越的内容。市面上其实有许多关于绩效管理的书籍和课程，大的框架概莫能外，此处不再详细展开。

四、风险绩效曲线的理解要点

（一）关于 X 轴与 Y 轴

COSO 的内容里所有的风险绩效图都是 X 轴为绩效，Y 轴为风险，但其实质含义并不限于此。

X 轴展示的是绩效，如上面对绩效的介绍，它的体现可以是多种多样的，既可以是定性的，也可以是定量的；既可以是一个单独的考核指标，也可以是一个综合的考核指标。

Y 轴虽然写的是风险，但是除了可以表达风险之外，还可以根据图形要表达的目的和 X 轴的关联关系，用风险回报、在险值或其他风险相关的内容代替。

（二）关于风险曲线的形状

我们看到 COSO 都是用一条上扬曲线代表风险曲线，但是上扬的斜率不同，代表的意义也不同，例如，斜率越大，曲线越陡，说明绩效增长带来的风险增量越大；而斜率越小，曲线越缓，说明业绩增长带来的风险增量越小。

在创业公司和新兴市场更多的是第一种情况，而在大型企业和成熟市场，更多的是后一种情况。

另外，我们看到作为绩效轴的 X 轴随着绩效的增加，其承担的 Y 轴的风险也在增加，每一个曲线上的点都是在当前 X 轴绩效水平下需承担的 Y 轴风险总量。但是需要特别注意的是，绘制曲线上的点对应的 X 轴的绩效变化值，不是指不同情境下的绩效值，而是指不同时点下的绩效变化值。

（三）关于固有风险和剩余风险

由于图形中涉及了 Y 轴的风险加总，那么有一个概念需要明确，就是固有风险和剩余风险。图形中的风险刻画指的是固有风险，如果考虑到采取了风险应对（控制、转移、分担、对冲、转换等）后的剩余风险，原曲线必然会变化。如采取了风险应对后的图可能变成如图 1. 15. 3 所示。

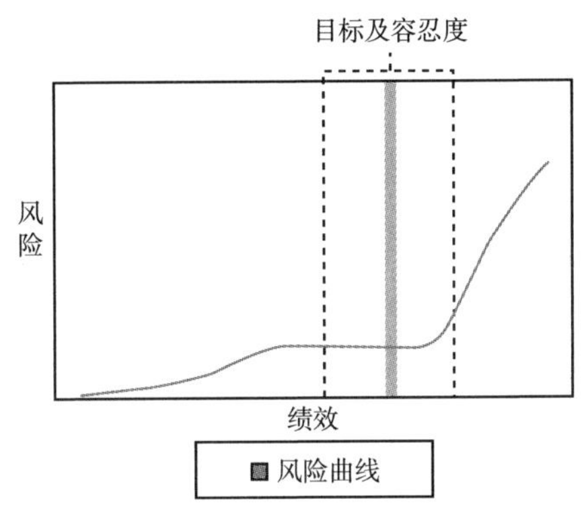

图 1. 15. 3　采取风险应对后的风险绩效曲线

（四）关于风险偏好和风险容量

风险偏好横线并不是揭示主体能够承担的最大风险量，一个主体的风险容量（risk capacity）才是一个主体能够承担的最大风险量，如图 1. 15. 4 所示。

一般情况下，一个主体的风险容量都会高于风险偏好，这样的主体给自己留一个时间和空间，可以在小概率事件发生导致突破风险偏好后，不至于马上出现不好应付的紧急情况。

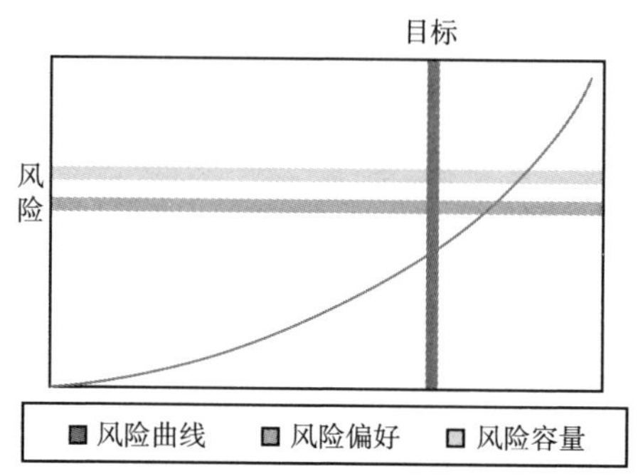

图 1.15.4 风险绩效曲线（风险容量）

如果一个主体的风险偏好和风险容量相等，那就说明主体没有预留空间，风险一旦超过风险偏好即超过了主体的最大风险容量，就是一种比较激进的做法，通俗来讲就是没有给自己留后路，稍有风吹草动都会对主体的抗风险能力产生重大挑战。

还有一种情况，即主体的风险偏好设定高于风险容量，这是一种更加激进的做法，绩效目标的设定有非常大的概率超出自己最大风险承受能力。主体出现这样的情况一种可能是不明确自己的风险容量到底是多少；还有一种可能性就是铤而走险，通俗地讲就是为了挣钱不要命。据统计，中国民营企业平均寿命仅为3年左右，与其不知能驾驭多少风险或超额承担了风险有直接关系。我们再看看那些为了达到快速扩张的目的，利用高杠杆融资运作，市场稍有变化就导致资金链断裂的企业，大概也都是属于此类吧！

（五）风险与绩效建立了“关联意识”是要点

风险绩效曲线的核心价值在于其建立了风险和绩效的关联意识，笔者在2016年对COSO风险管理框架征求意见稿写评论文章时就提出来了，这更多的是一个“示意图”。对于这样的关联关系，我们在前些年探索的过程中其实早就有过类似的尝试，例如，在投资项目的风险评估中，把相关风险进行量化最后得出投资回报率的波动范围及置信区间（见图1.15.5），这其实就是风险和绩效关联的思路。

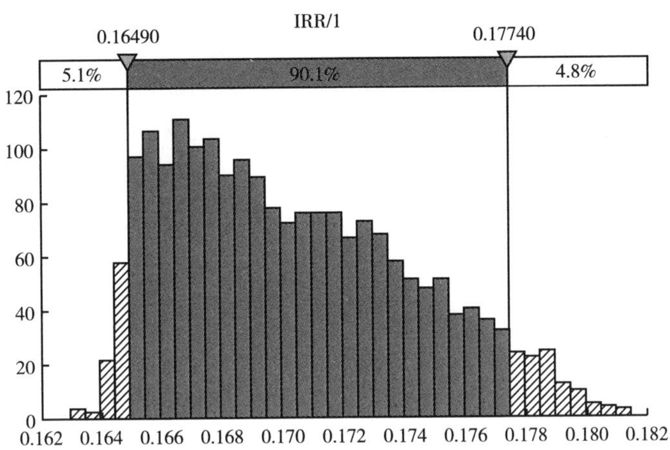

图 1.15.5 投资风险量化分析

因此，企业要想真正绘出这条综合的风险绩效曲线其实是非常困难的，如果有想尝试的企业，笔者建议可以先从最简单、最易衡量、最方便关联其风险的绩效指标入手，进行探索。

虽然 COSO 承诺为了使其更具操作性，日后会发布实施指南来指导企业更好地实施，但笔者对这些指南的实用性仍然持保留态度，因为没有充足的实践来反复摸索和完善，是不可能得出一个完美的理论指南的。目前受几个大型集团的邀请，笔者也在协助他们进行风险绩效曲线的研究和尝试，已经形成一些有益的探索，期待这个“意识关联”会慢慢地在实践的基础上做到真正的“实质关联”。

第二部分

COSO新版企业内部控制框架解读

第1篇　一本被忽略的内控经典

——新版 COSO 内部控制整合框架

用内部控制增强企业的确定性，用风险管理把握环境的不确定性，两者合发，万化定基！

COSO 在 2013 年发布更新版《内部控制——整合框架》，上一版在 1992 年推出，时隔 20 年，COSO 第一次对其内控框架更新。

这本书的中文版自上市后并没有引起中国企业很大的关注，因为财政部联合五部委在 2008 年发布了中国版的内控文件——《企业内部控制基本规范》，随后又在 2010 年发布了 18 项配套的应用指引，用以帮助中国企业建立内部控制体系。

2013 年，正值中国上市公司在如火如荼地推行中国版“萨班斯”内控文件时，国资委又联合财政部下发了《关于加快构建中央企业内部控制体系有关事项的通知》，我们的关注重点都是在落实中国发布的这套体系上。

当 COSO 公布了新版内控框架后，有些专家在考虑，中国的内控基本规范也发布 5 年多了，当时是参考了 COSO 于 1992 年发布的内控框架起草的，那么 COSO 进行了更新之后，我们是不是也要进行更新？

有关部门认为：新的 COSO 内控框架与我国内控规范体系在整体架构、基本原则、主要内容、实施要求等方面趋于一致，说明我国企业内控规范体系的创新和前瞻意识。因此，我们并没有对中国的内控文件进行更新。尽管我们自己的框架借鉴了 COSO 的五要素框架，但是在内控体系的出发点和具体的应用方面还是有很大的不同，这个在第四部分内部控制的前世今生一篇中有解释，在此不再赘述。

虽然种种原因导致我们对新版的内控框架没有过多的关注，甚至由于 2013 年内控框架这本中文译本印刷量过少，曾有一段时间在各大渠道和书店竟然难觅踪影。

但是，这本书的价值却是较高的，毕竟是经历了 20 多年反复实践又提升完善的经典之作，特别对于让中国企业理解什么是内控框架以及如何实施内控框架达到控制目标而言，它给中国企业提供了新的视角，有较大的借鉴意义。

我们可以从篇幅上做一下简单的比较，仅就内部控制整体框架部分的内容而言，COSO 内部控制整合框架的内容至少是中国企业内部控制基本规范的 20 倍以上。

一、COSO 更新内控框架的原因

按照 COSO 的说法，更新框架的决定是因为过去这 20 多年来商业大环境已经出现了翻天覆地的变化。例如：

- 对公司治理监督期望的提升；
- 对风险以及基于风险的方法的更多关注；
- 市场和运营全球化成为大势所趋；
- 企业以及组织结构的复杂性不断提高，包括外包和战略供应商；
- 科学技术的巨大进步；
- 法律法规以及各种标准的要求和复杂程度也都大幅提升等。

这期间包括了 2000 年前后一系列的美国知名上市公司财务造假和 2008 年的金融危机，人们对企业加强内部控制的呼声也越来越高。

二、新框架和旧框架的主要变化

新框架在内部控制的核心定义、立方体结构以及各个维度方面基本保持了原貌，同时，用以评估内部控制系统有效性的准则和对于判断的运用也基本维持不变。如图 2. 1. 1 所示。

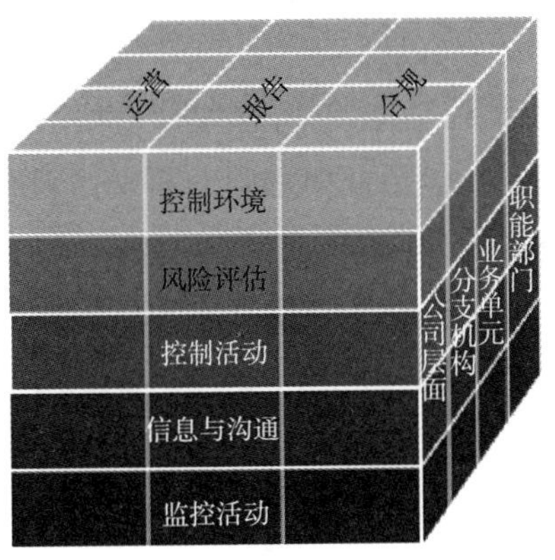

图 2. 1. 1　COSO 内部控制框架

在进一步细化新框架的几项重要变化，包括如下：

第一，采用了内部控制 5 要素加 17 项基本原则的方法。这里需要强调一下，目前大家在资料上看到的都是 5 要素 17 项原则，然后 17 项原则细分为 79 个关注点。这个关注点数量是错误的，经过仔细核对，17 项基本原则覆盖 82 个关注点，其中和财务报告内部控制相关的有 75 个关注点。

第二，明确了对有效的内部控制的要求。

第三，扩大了报告类型的范围。

第四，明确了“目标设定”在内部控制中的作用。

第五，考虑了市场和全球化的趋势。

第六，强化了公司治理的概念。

第七，考虑了不同商业模式和组织结构的内部控制。

第八，考虑了法律法规、规章及标准的复杂性。

第九，考虑了对组织能力和责任的更高要求。

第十，反映了科技进步对组织的影响。

第十一，加强了对反舞弊的考虑。

三、新版风险管理与新版内部控制框架的关系

在2013年发布的内部控制框架中，COSO讨论了其与2004年发布的企业风险管理框架之间的关系，包括框架之间的要素比较和彼此的定位，表明了内部控制是企业风险管理的一部分。

各位都知道，COSO在2017年更新其企业风险管理（ERM）框架，而且做了翻天覆地的“大变脸”，所以2013年内控框架中关于两者之间的大部分论证都已失效，不再具有意义。这也是COSO下一版内部控制框架要重新审阅的内容。

从COSO这一脉上来说，其风险管理是从内部控制体系中慢慢发展演变过来的，所以两者之间的内部关联性还是非常强的，但也有明显的各自侧重和区别。

2017年COSO的企业风险管理框架中共涉及20个原则92个关注点，经过详细比对，其中有23%的关注点和2013年的内部控制框架关注点重合。

2013年COSO的内部控制框架中共涉及17个原则82个关注点，经过详细比对，其中有34%的关注点和2017年的企业风险管理框架关注点重合。

但是，从其他国际组织来看，风险管理和内部控制的关联度不一定这么紧密，例如，ISO在其公布的风险管理标准ISO 31000中，并没有谈及任何与内部控制相关的内容。

针对ISO发布不久的ISO 31000应用指南手册，笔者曾在ISO国际风险管理标准的年会上向起草小组的国际专家提议，考虑将内部控制的相关要求纳入风险管理实施中的一部分，最终经过专家讨论并未列入，理由是从风险管理的角度看，内部控制仅是风险管理中风险应对方式里风险控制的手段之一。

因此，可以看出不同组织的偏好和风格对于看待两者之间的关系有不同的结论。

四、新版内控框架的主要内容

新版内控框架的主要内容如图2.1.2所示。

目 录

第一部分 内容摘要

第二部分 框架和附录

第一章 内部控制的定义
第二章 目标、要素及原则
第三章 有效的内部控制
第四章 额外考虑的事项
第五章 控制环境
第六章 风险评估
第七章 控制活动
第八章 信息与沟通
第九章 监督活动
第十章 内部控制的局限性
附录A/B/C/D/E/F/G

第三部分 评估内容控制体系有效性工具

第四部分 外部财务报告内部控制

图 2.1.2 COSO 内部控制整合框架 2013 版目录（全）

接下来，我们选取框架中的重点内容为大家逐一解读。

第2篇　内部控制的定义

——COSO新版内控框架解读（一）

本篇给大家解释2013版内部控制的定义（如图2.2.1所示）。它沿用了1992版内部控制的定义：内部控制是一个由主体（一般指公司）的董事会、管理层和其他员工实施的、旨在为实现运营、报告和合规管理目标提供合理保证的过程。

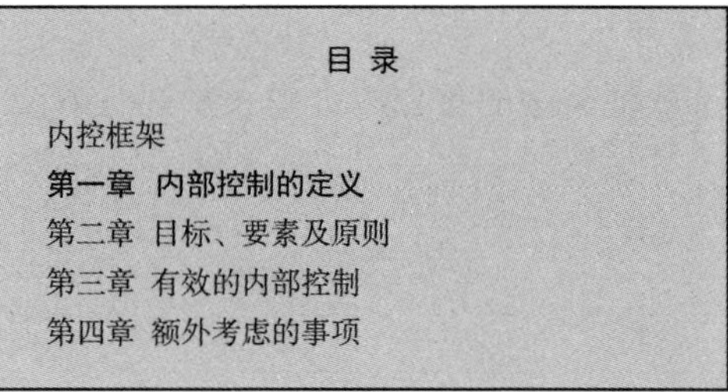
目录

内控框架
第一章　内部控制的定义
第二章　目标、要素及原则
第三章　有效的内部控制
第四章　额外考虑的事项

图2.2.1　COSO内部控制整合框架2013版目录（1）

这其实是一个解释性定义，解释了这项工作的实施主体和主要目标，这个定义中含有以下几个方面的内容，需要大家理解一下。

一、一个过程

内部控制工作的最后落脚点为一个过程（process），当然，之前COSO定义的风险管理也是一个过程，但是，现在有一些变化。

央企指引中将风险管理作为一种过程和方法。

ISO 31000 定义的风险管理是一系列控制和协调的活动。

新版 COSO 定义的风险管理是一种能力、文化和实践。

截至目前，关于风险管理是侧重过程还是针对结果，有不同意见，我们与国内外的一些专家在持续讨论。

内部控制的定义还算是比较统一，国内的内控规范也将其称为一个过程，当然这个过程是实现目标的过程。

这个过程和 ISO 风险管理标准中的过程强调得一样，是一个持续的、循环往复的过程。

二、全员实施

董事会、管理层和其他员工基本涵盖了公司的所有人，表明内控框架是需要将组织的所有人都纳入遵守和执行范围，而不是为某一个特定人或特定团体服务。

需要强调的是，前些年中国企业在执行内部控制时，公司的高层特别是一把手会游离在内部控制之外，把内部控制作为其控制公司的手段，这样会使内部控制的有效性打折，当领导层带头突破内部控制时，就为全员设立了一个不好的“基调”，为某些控制环节失效埋下了隐患。

三、以实现相应目标为宗旨

目前，内部控制实现目标的范畴定义在三个方面：运营目标、报告目标和合规目标。

运营目标——侧重提升企业运营的效率和效果；关于对运营目标的支撑其实是内部控制的一个非常重要的功能，但西方最开始并没有明确这方面的具体要求，而中国内控体系中则一开始就对各个业务板块的内控提出了明确的应用指引。

报告目标——侧重对内外部财务和非财务报告的真实性、可靠性以及及时性。其中，对外财务报告目标是其最原始的目标，也是最重要、最有效的一类目标。其余的报告目标为本次修订新增。

合规目标——遵守组织适用的法律法规（侧重外部）。COSO 内控的合规目标并不是我们今天在国内谈的大合规的内容，它相对简单直接，就是针对对外部法律法规的遵从性。

因此，现在很多企业在建立合规管理体系时，其中很大一部分工作是内部控制工作，因为都需要建立合规管理工作的制度性保障。合规管理体系和内部控制体系两条线的开展不应该被割裂开来。

四、只提供合理保证

公司实现上述三个目标内部控制只为其提供合理保证，没有任何一个管理体系可以对实现某类目标提供绝对保证。三个目标的实现与组织、目标、管理体系本身的局限性以及投入的资源和效果有关。

因此，内部控制不是药到病除的灵丹妙药，能发挥多大的效用根据环境不同有很大不同。

虽然内部控制不能解决所有问题，但是它确实能使企业增强自身的控制能力，使企业的运营更加制度化、规范化，更好地在平衡控制和效率之间提供了一个系统的视角，对于企业来讲是不可或缺的。

一家没有内部控制的企业或者在重大管理环节存在致命漏洞的企业，是不足以被信任的，早晚会出事。

如果企业不想依靠运气来生存和发展，建立健全内部控制是必由之路！

第3篇　内部控制的目标、要素及原则

——COSO 新版内部控制框架解读（二）

本篇给大家解释内部控制体系的目标、要素及原则（如图 2.3.1 所示）。本篇对这三个方面的内容进行概况性介绍，这些内容也是贯穿整个框架的主体内容。

目 录

内控框架
第一章　内部控制的定义
第二章　目标、要素及原则
第三章　有效的内部控制
第四章　额外考虑的事项

图 2.3.1　COSO 内部控制整合框架 2013 版目录（2）

2013 年 COSO 公布内部控制框架图，形状和内容与其 1992 年公布的立方体保持了一致，将目标、要素及其包括的原则均包括在内，比较明显的变化是将 5 要素的展示顺序由原来的自下而上，改成了现在的自上而下。

顶层我们称之为目标层，列示了内部控制框架涉及的三个方面的目标：运营目标、报告目标、合规目标。沿着顶端纵向的线，按照三个目标所在区域，可以将立方体分为三块。

正对着我们的这一层叫要素层，自上而下一共五个方面的内容，我们称之为 5 要素，沿着正面横向的几条线，按照 5 要素所在区域，可将立方体可分为“5 片”。

2008年，中国财政部联合五部委颁布的《企业内部控制基本规范》就是采用的同样的5要素框架。

侧面我们称之为范围层，指出内部控制应该在什么范围内实施，图2.3.2中列示了公司层面、分支机构、业务单位、职能部门四个方面，实质含义是内部控制是涵盖和应用于组织所有层面的，可以按照组织各个层面的工作内容将内部控制框架切割成一个“若干片”。

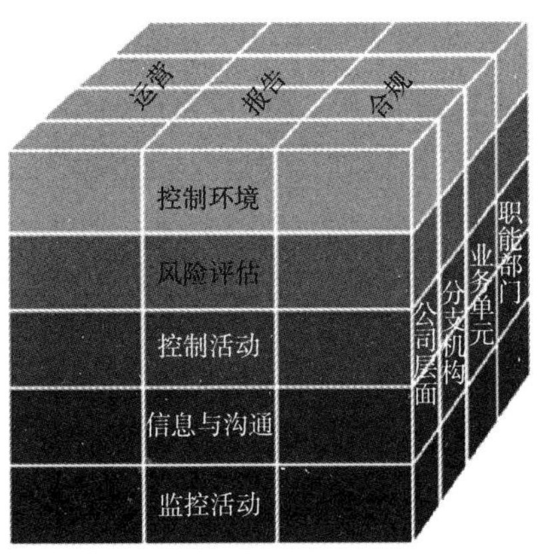

图2.3.2　2013版内部控制框架

举例：离我们最近的右上角的小立方体代表的是什么呢？它是公司层面支持合规目标实现的控制环境要素中的内容，其他以此类推。

一、目标层

需要特别强调的是，关于组织的目标，内部控制框架内容本身不涉及设计和制定目标的内容，也就是说，有明确的目标是内部控制的工作前提（但却是风险管理工作的一部分），从这个角度来说，内部控制更多的是侧重为实现目标的执行过程而非设计过程，但实现目标的过程需要对控制进行设计，这并不矛盾。

就内部控制的目标而言，东西方的理念还是存在差异的，中国的内部控制目标在此基础上增加了两个——战略目标和资产安全目标，对于资产安全目标本来就属于运营目标的一个子项，但对于增加战略目标是否恰当一说，不同的人有不同的看法。

（一）运营目标

一个组织可以设定不同维度的运营目标来驱动组织达到理想的运营状态，如产量、成本、质量，包括资产的安全性等。

运营目标和经营目标的区别是什么呢？可以试着想一下我们平时说一个领导懂经营和一个领导擅长运营的区别。经营更多的是侧重于抓市场和挖效益，专注对外部的把握和市场需求的满足。运营更多的是侧重于提升效率和控制成本，专注内部资源的优化配置和改进。

内部控制支持的是运营目标而非经营目标，从“内部”控制的名字上也可以略见一二。

（二）报告目标

这也是本次框架中做的一个比较大的扩展，从 1992 年 COSO 内控框架的“财务报告”目标，扩展到了更加综合的“报告”目标，将原来的重点从合理保障对外财务报告的真实性、准确性，增加到包括对内财务报告、对内非财务报告、对外非财务报告等四个子目标维度。

但是，从成熟资本市场的角度，对外财务报告目标仍然是它最基本、最重要的目标之一，对上市公司也是有强制要求的内容。

2020 年，我们看到“瑞幸咖啡”财务造假事件①闹得沸沸扬扬，大家觉得最大的问题是因为它实际只有 20 亿元左右的收入，而不是 40 亿元？如果是这样，那么瑞幸咖啡的股价砍去 50% 就可以了，为什么要跌下去 90%，甚至面临退市风险。

不是，因为你的财务报告是假的，欺骗了投资者，让他们无法作出正确的决策，让所有投资者蒙受了损失（准确地说应该是在二级市场高价买入的

---

① 2020 年 4 月 2 日，瑞幸咖啡官方发布消息称，从 2019 年第二季度到第四季度虚假交易金额达 22 亿元。

投资者)，除了对你商业模式的质疑外，还需要缴纳“道德罚金”。

这就是内部控制被强制要求用来尽力防范这种严重造假事件的原因。如果一个企业有重大的内控缺陷，是不值得信任的，投资者应该非常谨慎。而如果一个企业的内部控制体系建设特别完善，表明企业的基础管理好，不容易犯基本错误，应该得到投资溢价。

但是，外部监管机构的强制要求仅限于上市公司，如果是私有企业，老板愿意做假自己骗自己开心，那是他自己的事。总之，谁是股东谁关心，并最终承担后果。

一般非疏忽的蓄意造假，都是含有特定目的的，就是利用信息不对称性进行非法得利，其实是一种风险和收益在不同群体之间的错配。

内部控制就是利用一种确定的手段，让信息可以最大限度降低不对称性，因为在掌握公司经营真实信息面前，广大中小投资机构和投资者永远都是弱势群体。

（三）合规目标

组织应该保证在符合法律法规和政策要求的范围内运行，这是组织的底线目标。当然，很多组织发现突破底线后有更好的发展或更丰厚的利润，就忍不住突破了，也有一些组织在“灰色”地带盘旋，这些都是管理层的风险偏好，内部控制无法阻止这些冒险行为。

COSO内控框架中谈到的合规，仅限于对外部法律法规和政策规章的遵从性，以及由此而制定的与其要求相当乃至更高标准的外规内化的内容。

这一点和我们目前谈到的“大合规”概念有所不同，按照之前的解读，我们把合规的概念扩展到了对于企业内部规章制度的遵从上，这会引起一些问题，因为内部的规章是企业自行制定的，制度设计是合规的前提，所以不能一味要求合规，还要“立规”。

企业实现合规经营目标，内部控制一直是其重要的抓手和解决方案。现在很多的企业在建立合规管理体系，合规管理其实与很多企业现有的管理体系都有交叉，特别是内控体系，如果要以合规管理体系作为一个单独体系来拎的话，那其实是在管理体系中将与其有关联的管理活动拎了出来，再进一步补充完善、明确和强化。

建议企业不要将现有的管理体系中的合规管理内容推倒重来，抑或是从零开始建立企业合规体系，合规管理最终还是要融入管理和业务里面。

二、要素层

本次 COSO 框架采用了国际通用的要素加原则的书写方式，用 5 个要素 17 个原则外加 82 个关注点的架构形成了本框架的所有主体内容。

我们把这 5 个要素及 17 个原则先列示如下，供大家参考，后面再细讲。

（一）控制环境

- 对诚信和道德价值的承诺。
- 体现监督责任。
- 建立组织结构、权限分配及责任。
- 体现胜任能力。
- 加强内控问责机制。

（二）风险评估

- 有明确恰当的目标。
- 识别风险并分析风险。
- 评估舞弊风险。
- 识别并分析重大变化。

（三）控制活动

- 选择并执行控制活动。
- 选择并执行与信息技术相关的一般控制活动。
- 遵循政策与程序。

（四）信息与沟通

- 使用相关的信息。
- 内部沟通。
- 外部沟通。

（五）监督活动

- 进行持续监控和独立评价。
- 对缺陷进行评价和沟通。

关于侧面的覆盖范围内容我们就不介绍了，相信大家都能理解。

第4篇　如何定义内部控制的有效性

——COSO 新版内部控制框架解读（三）

前面我们介绍了内部控制的定义和内部控制的目标、要素及原则，本部分我们介绍什么是有效的内部控制（如图 2.4.1 所示）。

目 录

内控框架
第一章 内部控制的定义
第二章 目标、要素及原则
第三章 有效的内部控制
第四章 额外考虑的事项

图 2.4.1　COSO 内部控制整合框架 2013 版目录（3）

一、内部控制的目标是管理风险

我们经常谈起建立有效的内部控制、保持内部控制的有效性，到底如何评价内部控制的有效性呢?

按照 COSO 的说法，有效的内部控制的目标是什么?

那就是：将影响目标实现的风险降低至可接受的水平!

请仔细读这句话，有效的内部控制是为了降低风险到可接受的程度，以增大实现组织运营、报告、合规目标的把握，这句话其实明确了以风险为导向的内部控制，也明确了内部控制是风险管理的一部分，或者说是风险管理中风险控制或应对的一种手段，这是风险管理和内部控制两者之间关系的又一例证。

当然，COSO在发布2013年内控框架时，采用的风险定义还是老版本：

风险，即事件发生并对目标实现产生负面影响的可能性。

不管是哪个版本，COSO表述内控目标的那句话其实是个重复病句，这个我们不怪COSO，很多人理解不到那个程度，如果表述更准确一些可以这么说：

将影响目标实现的不确定性降低至可接受的水平。

我们对风险的独家定义是：影响目标实现的不确定性（uncertainty of achieving objectives）。

这才和我们定义对上了，逻辑才通顺，或者表述为：将相关风险降低至可接受的水平。

而这个降低至可接受水平的过程就是风险管理。

二、如何实现内部控制的目标

第3篇我们讲了，内部控制的目标有三个：实现组织运营的效率和效果；真实可靠的内外部报告；法律法规及政策的遵从性。

本内部控制框架提供了一个5要素、17项原则、82个关注点的主体内容，如果要建立和维持一个有效的内部控制，组织需要：

- 要素和原则均存在。在设计和运行内控体系时，要确定这些要素和原则已被考虑并存在。
- 要素和原则持续运行。不仅是存在，而且需要持续存在，不能间断或在运行过程中消失。
- 要素和原则相互关联、共同运行。不仅要存在、持续存在，还要以一种相互关联的持续存在，各要素和原则的运行不是孤立的。

COSO认为，本框架提出的5要素和17项原则是普适性的，任何组织要评价自身内控的有效性时，都应该涵盖这些要素和其对应的这些原则，除非在一些特殊环境下（行业、监管、治理、技术应用），经过充分论证才可以决定某原则不适用或不与其要素直接关联。

但是，对于82个关注点是否和要素及原则一样需要持续存在和共同运行，COSO 为了保持其框架的灵活性，在最终稿里删除了这样的要求。也就是说，COSO 不强制要求对本框架中所列关注点进行单独评估以得出内部控制是否有效的结论，企业根据自身情况，如有必要，可以对某一原则的体现方式——关注点进行统一评价或增删修订。

但就 17 项原则的具体体现而言，COSO 罗列的这些关注点确实是都有很强的代表性和系统性。

三、内部控制缺陷

内部控制缺陷是指影响内部控制有效实施的控制薄弱环节或漏洞，会导致组织无法实现控制目标。

如果组织中存在一项重大的内部控制缺陷，就表明这个组织对应的内部控制要素或原则一定有一个或多个不存在或并未持续运行或未共同运行。

在这种情况下，就可得出内部控制无效的结论。但是，重大缺陷的判定标准需要企业自行制定，不论是 COSO 还是中国的内控基本规范都没有给出定量的标准，看一下我国内部控制评价指引中对于缺陷的定义：

重大缺陷，是指一个或多个控制缺陷的组合，可能导致企业严重偏离控制目标。

重要缺陷，是指一个或多个控制缺陷的组合，其严重程度和经济后果低于重大缺陷，但仍有可能导致企业偏离控制目标。

一般缺陷，是指除重大缺陷、重要缺陷之外的其他缺陷。

重大缺陷、重要缺陷和一般缺陷的具体认定标准，由企业根据上述要求自行确定。

我们看一份无效内部控制评价结论的例子：

2020 年年报披露期间，天津港披露了自己的内部控制评价报告，出具了无效意见，审计机构也出具了否定意见的内部控制审计报告。①

① 详情请参见天津港股份有限公司（股票代码：600717）官网披露的《2019 年度内部控制评价报告》《2019 年度内部控制审计报告》。

天津港如何定义的重大缺陷标准以及重大缺陷是什么呢?

与财务报告相关的内部控制缺陷评价定量标准见表2.4.1。

表2.4.1 定量标准

指标名称	重大缺陷定量标准	重要缺陷定量标准	一般缺陷定量标准
资产总额(342亿元)	错报≥1%(3.42亿元)	(1.71亿元)0.5%≤错报<1%(3.42亿元)	错报<0.5%(1.71亿元)
营业收入(131亿元)	错报≥1%(1.31亿元)	0.5%(0.655亿元)≤错报<1%(1.31亿元)	错报<0.5%(0.655亿元)
所有者权益(210亿元)	错报≥1%(2.1亿元)	0.5%(1.05亿元)≤错报<1%(2.1亿元)	错报<0.5%(1.05亿元)

与财务报告相关的内部控制缺陷评价定性标准见表2.4.2。

表2.4.2 定性标准

缺陷性质	定性标准
重大缺陷	编制会计报表、财务报告违反《企业会计准则》等法律法规的规定,发生重大违规事件;注册会计师发现当期财务报告存在重大错报,且内部控制运行未能发现该错报;公司董事、监事和高级管理人员舞弊;公司审计委员会和内部审计机构未能有效发挥监督职能
重要缺陷	编制会计报表、财务报告不完全符合《企业会计准则》等相关法律法规要求,导致财务报告出现重要错报;财务报告过程中出现单独或多项缺陷,虽然未达到重大缺陷认定标准,但影响到财务报告的真实、准确和完整的目标;对于非常规或特殊交易的财务处理没有建立相应的控制机制或没有实施相应的补偿性控制;未建立反舞弊程序和控制措施
一般缺陷	未构成重大缺陷、重要缺陷标准的其他内部控制缺陷

据天津港早期信息披露,其全资子公司天津港焦炭码头有限公司一名财务人员涉嫌贪污公款1.539亿元,其财务报告存在重大错报,错报金额与贪污金额一致。

重大缺陷的得出是根据定性标准还是定量标准呢?从结论来看应该是按照定性标准达到了重大缺陷的程度。

这就是由于内部控制出现重大缺陷导致公司实现财务报告目标的控制无效,从而得出与财务报告相关的内部控制体系无效的结论。

四、有没有与好不好

通过上面这些内容，我们知道判断一个企业的内部控制是否有效，需要判断这些要素和原则是否持续存在和共同运行。

但是，COSO 提出的判断标准是一个最基础的判断标准，就是这些要素和原则有没有、是否在运行。

如果你可以证明这些要素和原则持续存在并共同运行，即可以得出内部控制有效的结论。

实际上从一个组织的运营角度，还有更高的要求，那就是运行的效果如何？运行的好坏如何？这个方面是 COSO 没有给出的内容，也是让企业从重形式到重内容非常重要的部分。

这是内部控制能力和内部控制成熟度需要考虑的内容，这部分内容是目前理论界和实践界未来要探索的方向，笔者其实一直在开发衡量一个企业风险管理能力和成熟度的模型，一个企业不应该仅仅为了满足外部要求、在外部的驱动下建立风险管理和内部控制体系，很容易走形式和应付。

如果领导层真想进行精细化管控，打牢企业管理的基础，要进行更为主动的内部控制设计和实施，化被动为主动，变形式成内容，把表面功夫融入内里，才会是真正好用的内部控制。

COSO 在框架的第三大部分专门给出了内部控制体系的评估工具模板，我们之后再给大家详细介绍。

第5篇　内部控制体系的一些额外考虑事项

——COSO新版内部控制框架解读（四）

我们一起看一下内部控制体系的额外考虑事项（如图2.5.1所示）。

目 录

内控框架
第一章 内部控制的定义
第二章 目标、要素及原则
第三章 有效的内部控制
第四章 额外考虑的事项

图2.5.1　COSO内部控制整合框架2013版目录（4）

一、哪些问题是内控解决不了的？——管理判断的重要性

打个比方，内部控制的目标是要制造一台精密的汽车发动机，但汽车要驶向哪里，并不是发动机的本身能够解决的问题。

如果我们还记得内部控制的定义中有一个关键词“合理保证”，怎么算是合理？这涉及整个公司和管理层对风险的判断，以及自身风险偏好和承受度的把握。

管理层在利用内部控制实现控制目标时，需要加入很多判断的要素，这本身并不属于内部控制的内容，但是却对内部控制的设计和实施产生重要影响。

例如，我们前文讲到的，评估内部控制的有效性需要确定相应的原则和

要素都持续存在，但并没有严格标准表述这些原则和要素在组织体现到什么程度算是好的，体现到什么程度还不能满足要求，例如，对于外部规章政策的遵从性具体的合规体现方式，就需要根据情况判断。

再比如管理层会评估一个或几个风险的影响导致财务报表会产生错报、漏报的金额，看这些风险是否可以被接受。

如果大家去翻一下各家上市公司的内控自评报告，你会发现不同公司对于判断内控缺陷属于重大、重要还是一般缺陷的标准是不相同的，即便是按照比率的方式。

二、内部控制是否只考虑组织内部的问题

内部控制的名字本身就含有其对范围的界定，一是企业内部的，二是通过控制手段达到的，所以叫“内部控制”！

但是在日益专业化的今天，为了提升效率和降低成本，企业之间的协作是十分密切的，要达到企业的控制目标，有时需要“越界控制”。

例如，为了提升效率和降低成本，有的企业会把差旅和薪酬发放外包给专业的第三方机构进行处理，这些外包方作为企业的供应商，在协助企业进行业务处理时的控制活动是不是企业内部控制的范畴？

答案是肯定的，虽然企业将业务进行外包，但建立和维持与外包业务相关的控制仍然是企业管理的责任，企业需要提出控制要求，让外包方来执行控制。

一般专业外包公司实现同样的控制，比原公司投入资源执行同样的控制，成本要低，这就是专业外部公司的生存空间。

对于一些重要的供应商，虽然不算是外包的形式，但对重要供应商提出基本的控制要求也是实现企业总体控制目标的一部分，如质量、安全、时效性、供应连续性等。

三、不同规模的企业实施内部控制的标准考虑

自从美国萨班斯法案颁布以来，对于上市公司来说，萨班斯法案内控合

规成本过高的声音一直没有间断过。

为了降低小型上市公司的合规成本，COSO 在 2006 年又发布了一份专门针对中小型上市公司执行的财务报告相关的内部控制框架。

我国财政部于 2008 年发布的《企业内部控制基本规范》针对的也是上市公司，并没有划分企业的规模。

但是，对于大量的中小企业而言，规范的管理体系还没有建立健全的时候，执行《企业内部控制基本规范》还是有一定难度的，而内部控制的一些基本要求是所有企业可以持续发展的前提。

为了解决这个问题，财政部在 2017 年发布了《小企业内部控制规范（试行）》，规定了一些基本的、简化版的控制要求，指导中小企业建立符合自身规模的内部控制。

四、实施内部控制的收益

衡量内部控制的收益往往是主观的和非定量化的，过去这些年一直有一些企业想衡量风险管理工作为企业创造了多少收益，尝试了很多方法，但是还没有形成可以普遍推广的方法。

其实，企业的风险管理和内部控制是企业管理体系的必备组成部分，它的收益体现在企业的整体收益中，无法割裂开来。

实施内部控制可以提高企业实现控制目标的可能性，让投资者更有信心。实施风险管理可以提高实现战略和经营绩效的能力和把握，让企业更好地创造和保护价值，这些都与企业的整体经营发展紧密结合。

内部控制是企业管理中的控制要素集合，也是管理学中最基本的组成部分，当企业的创始人最开始创立企业的时候，内部控制就出现了。

它不是万能的，但没有它是万万不能的，这就是实施内部控制的收益。

第6篇　如果控制环境出了问题，再完善的内控体系都没用

——COSO 新版内部控制框架解读（五）

这篇我们介绍内部控制的框架主体（如图 2.6.1 所示），也就是大家最熟悉的“5 要素”框架中的要素部分及相关原则。

目 录

内控框架
第五章 控制环境
第六章 风险评估
第七章 控制活动
第八章 信息与沟通
第九章 监督活动

图 2.6.1　COSO 内部控制整合框架 2013 版目录（5）

2013 年版的框架图和 1992 年 COSO 的内控框架图有什么区别呢？最主要的区别就是对 5 要素在图里的展示顺序进行调整。

1992 版的立方体，把控制环境放在了最下面，其实是凸显了控制环境是一个企业内部控制产生效力的基石，把监督放在了最上面，表示监督活动自上而下地进行。

其实，在 1992 年的内控框架中，它的框架主体图并不是这个立方体，而是如图 2.6.2 所示的角锥体，这是个被后来的立方体框架图冲淡了的框架示意图，但却是 1992 年 COSO 内控框架的主角。

从这个内控框架原始图里可以看出，几个要素的定位和重要程度是不一

样的，控制环境作为最底层要素，在整个框架里有着举足轻重的位置。

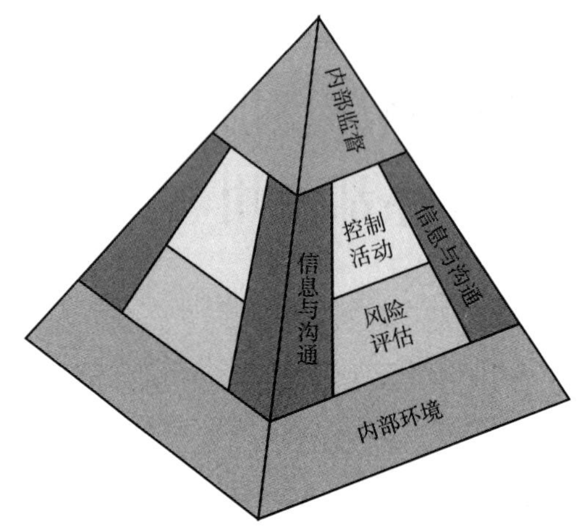

图 2.6.2　内控框架原始图

很多企业的内部控制出了问题，很多时候是控制环境中存在了缺陷，如果没有建立一个良好的控制环境，其余的那些控制要素能够发挥作用的基础就不存在，设计得再周全都无济于事。

以 2020 年瑞幸咖啡财务造假事件为例，管理层打造了一个激进的业绩目标，在目标无法完成时，铤而走险地进行合伙舞弊。这是违背商业伦理和基本价值理念的，如果管理层在这样的操守下塑造的企业文化和价值观肯定是不健康的，这样的控制环境下的控制活动自然也会走形。

可以肯定地说，瑞幸咖啡的控制环境必然存在重大瑕疵。

控制环境是土壤，是决定内控这个种子能否生根发芽的重要保障。

COSO 内控框架列示的控制环境的内容，其实不仅仅是针对内部控制而言，而是针对一个良好的公司治理环境下应该体现的一些管理要素，这里只是从内部控制的角度对这些要素进行阐述而已。

大家知道，COSO 在 2017 年发布了其革命性的企业风险管理框架，其中也是采取了 5 要素的框架图（如图 2.6.3 所示），就两个框架内容对比来看，其内部控制和风险管理框架重合度最大的就是控制环境这一要素，对应着 COSO 企业风险管理框架中的第一个要素“治理和文化”部分。

图 2.6.3　5 要素框架

接下来，我们具体看一下 COSO 内部控制框架中的原则和关注点。

一、原则 1：组织应展现对诚信和道德价值观的承诺

（一）需要设定贯穿整个组织的"高层基调"

一个人有一个人的"人格"，相应地，一个企业也应该有一个企业的"企格"，企格是怎么形成的？靠的是企业最高层的基调设定及言传身教。

组织需要明确为什么会被创立、它的使命和愿景是什么，它能够为社会和全体员工及利益相关方带来什么，它秉持什么样的价值主张及其对风险的基本态度。

这些都要通过文字表达出来并通过各种途径传播给整个组织，以便达成最广泛的共识。

另外，高层人员要带头践行这些价值主张，如果仅仅是喊口号，管理层都不履行甚至肆意践踏，那这些口号就成了空谈，这会对内部控制产生极大的损害。

在中国，我们有熟悉的类似说法像企业的"基本经营理念"或"经营哲学"，企业的最高层应该将这些基本经营理念进一步具体化，在各领域进行阐释，让这些无形约束深入人心，人人都秉持共同的价值理念，是实现有效控制的基础。

这里面体现的是一个企业创始人的格局和赋予企业的精气神，在这方面，

中国历来有丰沃的文化土壤，所以如果时机得当，中国一定能出一批伟大的企业家。

（二）建立全员的行为规范

行为规范为全员在实现组织目标过程中的日常行为、开展活动及决策提供指导，行为规范不同于具体的业务制度，与“高层基调”有一定的承接关系，是根据组织的文化和价值观，对员工行为进行指导和规范的指引性文件。

- 建立是非观，让全体员工更好地针对不同情形判断对错。如不同区域可能会有不同的道德准则，不同国家的合规监管框架。
- 对“灰色区域”的内容提供指引。企业的制度流程不管制定得多么完善，一定有其覆盖不到的地方，或者一些新出现的情况还没有制度对此进行要求，需要对这样的情况作出引导性的方案，以便更好地管理风险。

很多跨国企业在进行新入职员工的培训时，都会对这种情况进行明确规定，如果遇到这样的情况一定要向上级管理人员、法务及合规部报告，避免因员工自行判断使组织承担不必要的风险。

- 对每个员工都应遵守的合规要求以及与外部合作方进行商业往来中应遵守的商业规范进行要求。

关于商业反贿赂是其中必备的内容，国内很多企业都已经建立了针对商业反贿赂的行为规范，甚至设立了道德遵从委员会来加强这方面的要求。

这些对于建立良好的控制环境都是非常必要的内容，因为最终的控制都是基于对人的行为的控制。

（三）对不当行为的评估及纠正

需要定期或不定期评估全员对行为规范的遵守情况，对不鼓励或违反行为准则的行为进行纠偏，应该特别注重以下情况，这些非常容易导致破坏行为规范的情况发生：

（1）高层基调没有广泛传播，对高层基调没有概念或认同度不高；

（2）董事会未有效监督高管违反行为规范的行为；

（3）管理层未有效监督员工违反行为规范的行为；

（4）迫于管理层、同事或外部人员压力而实施舞弊行为；

（5）业绩目标设定不合理，从而作出违反组织行为规范的行为；

（6）信息沟通机制不健全，如举报人保护机制；

（7）存在控制缺陷，在业绩不理想的情况下可以掩盖实际业绩情况；

（8）对不当行为的调查或追责不当，导致遵从行为效力打折；

（9）内部审计及监督机制薄弱。

二、原则2：董事会应独立于管理层，并对内部控制的开展与效果进行监督

由于 COSO 的公司治理模式以英美法系为基础，董事会集决策与监督于一体，而中国公司治理机构中还存在一个单独的监督机构——监事会，我们先根据原文解读，后续再探讨中国公司治理模式下的监督职能发挥问题。

（一）建立监督责任

董事会（或类似机构）是企业内部控制建设和运行的最终责任机构，代表所有方和利益相关方利益，对内部控制的运行情况实施监督。

董事会任命总经理、总裁或首席执行官，公司的总经理、总裁或首席执行官及高级管理层对内控控制的建立和运行负有直接责任。

董事会还可建立各专业委员会负责具体领域的内部控制事项，如风险管理委员会、审计委员会、合规委员会等。

（二）保持独立性与专业性

COSO 认为，董事会应独立于管理层，并具备相关领域的专业知识和技能来实施监督。所谓的独立，指的是董事会成员在思想、行动、形式和实质上保持独立客观。

这种独立性的体现就是独立董事的制度要求，在美国上市的公众企业董事会基本包含至少 2/3 的独立董事。大家熟悉的萨班斯法案更是要求董事会下设的审计委员会必须完全由独立董事组成。

独立董事专业又独立的地位也是董事会监督全体高级管理层的条件保障。

三、原则3：管理层为实现目标，确立组织架构、汇报线、合理的权力与责任

（一）组织架构与汇报路线

董事会和高级管理层应该建立组织架构与汇报路线来计划、执行、控制及定期评估组织的活动，组织架构既是内部控制要求的一部分，也是实现内部控制的重要手段。

设置组织架构与汇报路线，应考虑实现风险管理和控制要求，但无论采用何种组织架构，权力和责任必须清晰、沟通渠道必须畅通。

对于某些高级管理人员来讲，有时需要设置虚线汇报路线，以达到信息的充分分享和制衡需要。

在很多跨国企业的组织架构中，矩阵管理是一种比较常见的管理架构，例如，从业务和行政分两条线管理，也算是一种组织安排内控制度。

（二）权力与责任

董事会对高级管理层授权并分配责任，高级管理层对其他管理人员授权并分配责任，这都是为了实现控制目标的手段。分配得好，可以有力地促进组织控制目标的实现；分配得不好，就会阻碍控制目标的实现。

在这里举一个华为的例子，任正非在谈到高层定位时曾说过这样的话：

“首席执行官（CEO）要做思想家，手脚都要砍掉，只剩脑袋；首席X官要做战略家，应该站在全局视野上看系统结构。先将他们的屁股砍掉，让他们不能坐在局部利益上①。”

砍掉一把手的手和脚，只留下脑袋用来仰望星空、洞察市场、规划战略、运筹帷幄，而不是整天忙于事务性工作；

---

① 任正非在华为运营商网络BG战略务虚会上的讲话，2013年12月28日。

砍掉了高层的屁股，就是要打破部门本位主义，着眼于公司整体利益的最大化；

（三）权力限制

要明确定义每个岗位的权力边界，以确保权力不会被滥用或接受不适当的风险。实施不相容岗位分离可以降低实现控制目标过程中的风险。

四、原则4：组织要吸引、培育和留用符合组织发展要求的人才

（一）建立对胜任能力的要求

组织应明确为了实现控制目标所需要的各岗位的能力要求，从董事会到CEO到高级管理层，都应该建立胜任模型，以确保那些执行控制的人员有充足的能力来满足内部控制目标的要求。

（二）评估胜任能力

胜任能力通过任职人员的工作态度、专业知识和具体行动来表现，组织的人力资源部门会根据工作角色和岗位级别评估员工与岗位的匹配度。

如果一个员工在某岗位胜任能力不足，可能会无法有效地执行此岗位的相关控制，此时，管理层有责任针对这些不足采取相应的措施。

（三）吸引、培育和留用人才

人才是企业发展的基础，也是实施控制的主体，组织需要制定政策来吸引、培育、留住优秀人才。

吸引认同组织文化、运营模式和满足岗位胜任能力要求的人才；

培育员工不断成长，发展与岗位、职责相匹配的工作能力；

留用组织需要的人才，提供适当的激励措施，以提升绩效和留住人才。

（四）规划“继任计划”

2020年面对新冠肺炎疫情的持续肆虐，有不少国家的政要被感染，当时

为了应对这一紧急的可能发生的情况，美国制定了“极端情况”下特朗普的“继任计划”，如果特朗普发生不测，55岁的四星上将——特伦斯·J. 奥肖内西（Terrence J. O’shaughnessy）将取而代之。①

其实，在跨国企业中，“继任计划”是一项常规管理内容，也是为了达到组织控制目标，保证控制可以被不间断执行的内控措施。

到一定级别的管理人员，会被要求指定未来可能的候选人，不一定非得是紧急情况下需要，如果某一管理人员获得升迁或离职，都需要启动继任计划。

在中国的文化中，这种模式不一定能行得通，领导在任时，让领导指定未来的接任者，这是非常敏感的做法。但如果没有形成这种规则，企业可能在遭遇突发重大人事调整时面临经营的巨大波动，根源是由于本身的确定性不足导致的。

五、原则5：全员都要承担内部控制责任

（一）落实责任，强化问责

董事会要求CEO，CEO要求管理层，管理层要求其下属，责任层层下达，问责层层落实。

这些关于内部控制的责任不是独立于管理职能的，而是融入日常管理的工作中，或者说日常管理工作中有一部分是要实施内部控制的责任，因为如果控制失效，造成损失，执行控制的岗位将会遭受处罚。

（二）建立绩效衡量机制

为了达成控制目标，控制不力有可能使其受罚，但如果其可以优化当前控制也应该得到奖励，如实现了降低产品缺陷率而超额完成生产目标。

激励是管理层和其他员工提供工作绩效的驱动因素，所以适当的奖励机

---

① 2020年3月22日英国《每日邮报》报道，详情请见：https：//www. dailymail. co. uk/news/article－8139223/The-four-star-general-command-coronavirus-cripples-government. html.

制对于实现最优化控制有积极作用。

从这个角度，你可以想象一个“干多干少都一样”的企业对实现目标的危害。因此，我们面临的很多中国式的管理难题，从控制的角度都有答案。

（三）考虑目标设定和业绩压力

董事会和管理层设定目标时，应避免形成不恰当的业绩压力。例如：

- 不切实际的短期业绩指标。例如，瑞幸的收入指标压力，对外承诺和实际情况之间的差距形成压力，很多上市公司在业绩不佳时都会面临此压力。这也是舞弊三角形的一个必备要素。
- 利益相关方之间的目标冲突。平衡好个人绩效和公司及部门绩效之间的关系，例如，华为的以客户为中心，确立了当客户目标和公司目标不一致时，要以客户利益第一为处理冲突的原则。
- 短期绩效奖励与长期绩效奖励的失衡。注意激励措施长短结合，短期反映当下绩效，长期反映持续成长能力，不要只注重短期激励兑现，造成员工只关注眼前利益；或者只有长期激励措施，让员工总是啃着馒头憧憬遥远的梦想。

（四）绩效评估和奖励

绩效评估和奖励是为了留用优秀员工和淘汰不合格员工，绩效的评估根据目标的完成程度和管理风险的能力来衡量。

这一要素的内容比较多，通过上面的介绍大家应该有了基本理解，内部控制环境里提到这些点不仅适用于内部控制，而且还是现代企业管理的精髓，强化这些管理要素，对于增强组织自身的管理确定性大有裨益。

问渠何来清如许？为有源头活水来。控制环境就是内部控制的源头，源头清了，渠里的水自然也就清了！

第7篇　内部控制里的风险和风险管理的风险是一回事吗?

——COSO新版内部控制框架解读（六）

2017年发布的新版COSO风险管理框架中，为了与内部控制框架实现切割，了却长久以来内部控制和风险管理纠缠不清的现状，重新设计了风险管理框架的内容（如图2.7.1所示）。

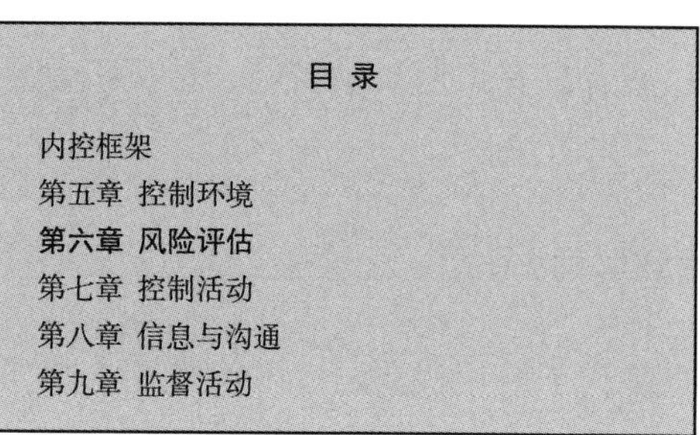

目 录

内控框架
第五章 控制环境
第六章 风险评估
第七章 控制活动
第八章 信息与沟通
第九章 监督活动

图2.7.1　COSO内部控制整合框架2013版目录（6）

其中一个比较显著的变化是将控制活动的内容从风险管理体系中删除，全部留给了内部控制体系。

这是2017年COSO发布ERM框架时的考虑，但是，在2013年更新COSO内部控制框架时，并没有考虑如何从两个体系的关系上安排这些。也就是说，COSO在2013年发布内控框架时，并没有考虑将哪些内容弱化一些，留给风险管理框架。

如果下次COSO再更新内部控制框架，有可能会有一定的安排，因为它需要考虑两个框架之间的内容偏重，特别是我们这里要介绍的这一风险评估要素，需要进一步明确内部控制中的风险评估内容留下哪些，因为很多内容在 2017 年的 ERM 框架的 performance（运行）要素中已经包含了。

在 2013 年 COSO 内控框架中，风险被定义为：事件发生并对目标实现产生负面影响的可能性，强调了风险是针对负面影响的，同时，将机会作为与风险对应的一个反义词。

COSO 明确提出，对于机会的识别不属于内部控制体系的范畴。

对于风险评估的前提，是需要设定明确的目标，而目标设定也不属于内部控制的范畴，而是风险管理最关注的内容。

我们具体看一下风险评估中的几个原则和关注点。

一、原则 6：组织应设定明确的目标，以识别和评估与目标相关的风险

这里提到的设定明确的目标是要求，而不是具体设定目标的工作。

目标的设定有一般性的要求，如 SMART 原则：S 代表具体（specific），指目标或指标设定要明确、具体，不能笼统；M 代表可度量（measurable），指目标可被数量化或者行为化，可以对目标的实现程度进行验证；A 代表可实现（attainable），指目标在付出努力的情况下可以实现，避免设立过高或过低的目标；R 代表相关性（relevant），指目标与其他目标是相关联的；T 代表有时限（time-bound），注重完成目标是有时间限制的。

那么，需要设定的目标有哪些？

前面我们介绍过内部控制的几个控制目标，包括运营目标、合规目标以及报告目标。而报告目标又分为四种报告类别：对外的财务报告目标（最重点）、对外的非财务报告目标、对内的财务报告目标、对内的非财务报告目标。

制定这类目标均需考虑与目标相关的一些针对性要求，如管理层的选择和决策、主体所处的法律监管环境、对风险容忍度的考虑、会计准则和精确的要求等。

二、原则7：组织应对影响目标实现的风险进行全范围识别分析，并在此基础上决定如何管理风险

围绕既定目标，风险识别的范围应该涵盖所有职能和层级，就像立方体框架的层面列示的那样。

我们一般将风险评估的步骤分为三个阶段：分析识别、风险分析、风险评价，根据风险评估的结果再制定风险应对方案。

但风险评估是一个动态的不断反复进行的过程，需要时刻关注内外部环境的变化。

评估风险不仅需要考虑公司整体层面的风险，如社会、经济、技术、环境、监管等对公司整体发展产生影响的要素，还需要识别具体业务层面面临的风险，如采购、销售、研发等（可参照财政部发布的 18 项内部控制应用指引），因为这些风险影响了控制目标是否达成。

目前我们评估风险一般使用可能性和影响程度两个维度，但面对日益复杂和快速变化的环境，这两个维度可能没有办法很好地体现风险的属性，因此，有必要在对风险的分析方面加入新的维度，如风险冲击的速度和持续的时间，以及组织自身对此类风险的韧性程度如何。

另外，在当前环境下千万不要忽略小概率事件，因为很多用之前经验判断的小概率事件今后可能变得出现频率加大，在这种环境下用概率回归模型以回溯分析的方式来预判风险有可能会失效。

可能一个工厂认为被陨石砸中的概率几乎不存在，但是，如果这个工厂坐落于机场附近，至少为飞机失事落入工厂做些考虑。

三、原则8：组织应在评估影响目标实现的风险时考虑潜在的舞弊行为

舞弊种类可以分为以下三种：

第一，故意编制虚假报告，如安然事件。

第二，未经授权获取、使用或处置资产，造成资产安全，如近两年上市公司披露的大股东违规占用上市公司资金。

第三，中饱私囊和商业往来的腐败行为。

管理层逾越控制之上，也是非常容易出现舞弊行为的一个原因。

关于舞弊事件的防范，我们之前介绍过一个舞弊三角形理论，需要从压力、机会、自我合理化三个方面去做。

四、原则9：组织应识别并评估对内部控制可能造成重大影响的变化

重大的变化是风险评估中非常关注的内容，也是影响控制环境和内部控制是否持续有效的因素，这些重大的变化可能来自以下方面：

- 外部环境的重大变化。如监管政策的重大变动，对整个行业都有重大影响。
- 重大变革或并购重组。包括商业模式的演进、新技术的出现，最典型的例子就是柯达相机从胶片时代的王者到数码时代的衰落，还有诺基亚作为2G 时代的王者到智能手机时代的衰落等。
- 重大领导变动。领导层的变化将会对一个企业的某些方面产生深刻的变化，这一点中国企业体会得更深刻，所以重大领导层的变化确实是一个需要着重考虑的风险（机会）点。

内控的风险和风险管理的风险一样吗?

回到我们题目中所提的问题，按照 COSO 内控框架描述的风险评估的内容，这应该是一个涉及全范围、全类型的风险评估工作，按理说这样的工作应该是风险管理体系的一部分而不全是内部控制的范畴，或者说内部控制关注的风险只是全部风险中的一部分。

通常，我们的风险应对方式包括接受、规避、降低和分担，其实，内部控制关注的风险，仅仅是需要用降低（控制）应对的那一部分风险。

第8篇　控制活动是内部控制的主体

——COSO 新版内部控制框架解读（七）

在内部控制框架的要素中，控制活动是非常特殊的一个，在之前的企业内部控制体系建设经验中，因为控制活动涉及各个管理及业务制度、流程中的具体控制点的设置，所以控制活动占据的工作量是最大的（如图 2.8.1 所示）。

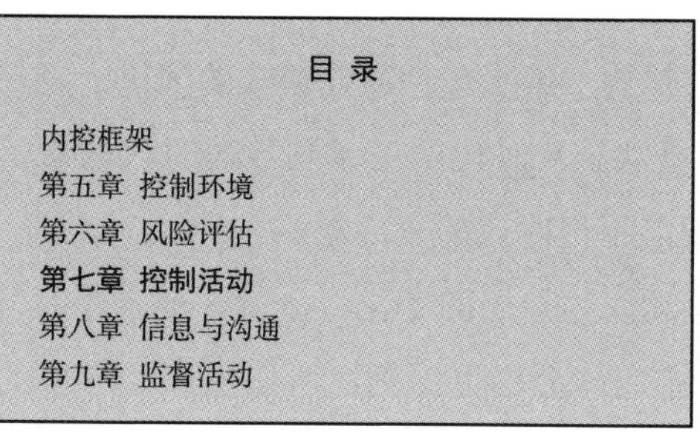

图 2.8.1　COSO 内部控制整合框架 2013 版目录（7）

为了让大家更好地理解 5 要素中各要素在内部控制体系中的定位，笔者总结了几句话供大家参考：

- 控制环境为基础；
- 风险评估为导向；
- 控制活动为主体；
- 信息沟通为工具；
- 监督活动为保障。

控制活动是内部控制体系承载的主体，其作用不言而喻。

在内部控制体系建设的方法论中，内部控制分为两个层面的控制，一个指公司层面的控制（ELC），一个指业务（流程）层面的控制（PLC），公司层面的控制包含了控制环境、风险评估、信息沟通、监督活动等要素的内容，而业务层面的控制基本就是指控制活动要素的内容。

控制活动这一要素提供的原则和要求适用于任何一个管理和业务流程，或者说企业所有的管理和业务流程的控制都需要应用这些原则和要求。

在 1992 年的 COSO 内部控制框架中，COSO 不仅给出了控制要素的原则和要求，还提供了利用通用经营模型分解的各类管理及业务活动的参考关键控制点（类似于财政部 2010 年发布的 18 项内部控制应用指引），在更新版的控制文件中，这部分内容被删除了，只保留了控制原则和要求。

我们具体看一下控制活动中的几个原则和关注点。

一、原则 10：组织应选择并执行那些可以影响其目标实现的风险降至可接受水平的控制

（一）控制活动的设置要与风险评估的结果相结合

前面我们讲到了风险评估要素，也分析了内部控制中的风险与风险管理中的风险之间的关系。风险与企业目标紧密相关，而内部控制是为了降低风险，是风险应对的方式之一，因此，控制活动应该以此为出发点，这样才是找到了内部控制的源头。

这几年，大家都在谈以风险为导向的内部控制，建立内部控制是为了控制风险，所以需要先明确企业的风险。不仅内部控制需要以风险为导向，企业中合规管理、内部审计、内部监督等工作都需要以风险为导向，因为风险是这些工作的最底层逻辑。

从另一个角度来说，这些工作都是企业风险管理的一部分。

（二）典型的应用控制手段

授权和批准：授权是通过不同级别的管理人员设定不同权限，或业务专

有人员设定专有权限，来批准或验证业务活动，从而起到控制风险的作用。例如，采购付款根据不同金额设置不同的审批路径。

验证检验：在政策和执行对象之间进行匹配验证，如果出现执行差异则进行进一步确认。例如，一笔差旅费用的报销行为和其他人的报销对比出现异常时，需要了解原因并跟进。

财产保护控制：这是实物资产的安全管理，包括设置资产保护的各项措施，还可以通过定期盘点进行差异分析。

另外，还可以通过会计控制、预算控制、运营分析控制和绩效考评控制等实施控制活动。

不相容岗位的职责分离是一项重要的控制活动，之前我们曾经撰写过专门的文章，请参考第四部分不相容岗位分离的内容。

二、原则11：针对信息技术，组织应选择并执行一般控制活动以支持其目标的实现

控制活动的实施有两种方式，一种是人工控制，另一种是自动控制，当然还有一种既需要人工又借助于自动控制的方式，叫半自动控制。

例如，你有一个报销单，需要领导审批，你填好之后交给领导，领导大笔一挥在批准人处签了字，然后你拿着单子交给了财务部，财务部核实无误后将报销款项支付与你，这样的控制就是人工控制。

又如，有一天，公司为了提升办公效率，上了一套财务报销系统，如果再进行报销需要在系统申报，然后扫描用于报销的原始单据上传系统，作为报销凭证，各项工作完成后，点击提交，系统就将此报销申请发送给审批领导，审批人在系统中审阅完报销事项后，点击同意，进入财务部处理环节。这样的控制叫半自动控制。

再如，还有的系统直接设定批准规则，一旦达到规则，自动放行，这样的控制成为自动控制。

随着技术的发展，越来越多来的人工控制被半自动、自动控制代替，除了一些需要人为判断的控制，在未来大数据和AI被充分应用后，自动控制会

转变为自控制，将会降低管理成本，提高控制效率。

信息技术的一般控制活动中有一个重要的内容就是访问权限管理，在信息技术一般控制的设计时，需要严格设定用户的角色和权限，只应允许被授权的用户访问相应的系统或环节，防止不当访问或未经授权进入系统，获取信息。

三、原则12：组织应通过政策和程序来实施控制活动，政策是建立预期，程序是将政策付诸行动

制定政策和程序是为了指导控制执行人员更好地执行控制活动，政策和程序有时可以理解为制度和流程，但是政策和程序的范围要比制度和流程更广一些。不成文或口头的政策和程序也可以被认可，关键是执行这些政策和程序的权、责、利是否清晰明确。

另外，执行控制活动的人需要进行胜任能力评估，这一点我们在介绍控制环境时介绍过。

控制活动需要被定期评估其持续有效性以及控制本身的合理性，针对一些发生变化或有新情况发生的业务环节，有时可能需要增加控制，有时可能需要减少控制。

之前的一个难题是，企业在加控制的时候比较容易，在减控制的时候挑战可能会更大。因此，企业的控制往往存在冗余且低效的情况，在进行控制程序缩减时，没有高级管理层的全力支持，往往比较困难实现。

本篇给大家简要介绍了控制活动要素的内容，需要注意的是，这些内容都需要在具体业务活动中去体现，而不是独立存在。例如，在设计和评估销售、采购、资金管理等业务时，需要看这些要求是否都进行了充分的考虑和体现。

第9篇　信息是消除不确定性的强力武器

——COSO 新版内部控制框架解读（八）

信息的本质就是消除不确定性。

——克劳德·艾尔伍德·香农

美国数学家，信息论创始人

信息代表的是确定性的增加，即对肯定的确认，信息降低或者消除了不确定性。本篇介绍 COSO 新版内部控制框架的信息与沟通部分，如图 2.9.1 所示。

目 录

内控框架
第五章 控制环境
第六章 风险评估
第七章 控制活动
第八章 信息与沟通
第九章 监督活动

图 2.9.1　COSO 内部控制整合框架 2013 版目录（8）

按照我们的定义，风险的本质就是不确定性，那么，如果信息可以消除不确定性，是不是可以说信息可以消除风险？答案是肯定的。

在美籍华裔科幻作家特德·姜的《你一生的故事》中，女主角学会了外星智能七肢桶的思维方式，拥有了洞悉未来的能力，对她来讲，没有过去、现在和未来，所有信息唾手可得，世界没有任何不确定性，变得无比确定，风险的概念对她来说不再有意义。

这样的能力在刘慈欣的《三体》中出现过，在克拉克的《太空漫游》中也出现过。

现实生活中，我们将拥有这种能力的主体称为“神”!

这一切又和时间坐标关联，信息和时间是这个世界的两个终极命题，终极命题不可能有完美的解释，这就是生命探索的意义所在。

而风险和这些基本概念相关，也不可能有完美的解释，所以每个人体会和理解风险都有所不同，这既是其难以严格标准化的难点，也是其丰富多彩的妙点。

风险的真正来源是我们和客观世界的信息不对称，内部控制关注的是过去及现在的信息不对称，而风险管理中重点关注的是和未来的信息不对称。

笔者曾在很多文章里提到过信息对于风险管理的重要性，从美国的 COSO 委员会到 ISO 国际标准化组织，从企业风险管理（ERM）到内部控制（IC），每个理论体系框架中必然有一个要素——信息与沟通。

刚刚接触这些框架要素时，觉得信息沟通是个抽象得不能再抽象、虚无得不能再虚无的要素。但是现在回过头看来，信息与沟通对于风险管理和内部控制的整体有效性起着至关重要的作用，它支持着内部控制所有要素发挥作用。

再扩展一下，不理解信息对于今日企业经营和管理重要性的企业，可能跨越不到下一个时代。

内部控制的一个重要作用是防范舞弊行为，反舞弊的工作效果对于信息获取的依赖性是极强的，所以我们判断一个企业反舞弊机制建立得如何，一个重要的判断标准是对于反舞弊信息的信息渠道建设。

我们一个巡视或调查组进驻企业后，第一项要做的工作就是公布联络方式，一举扫平所有的信息通道上的拦路虎，这种威慑的力量是极大的。

我们具体看一下信息与沟通中的几个原则和关注点。

一、原则 13：组织应获取或生成、使用高质量的、相关性高的信息来支持内部控制的持续运行

（一）明确信息需求

在 COSO 内控框架的另外 4 个要素上，控制环境、风险评估、控制活动、

监督活动等要素的工作均涉及与信息沟通相关的要求。

例如，控制环境，为了在全公司推行共同的文化和价值观，应该采取哪些措施将这些信息传播出去，又应该通过什么方式收集到大家的反馈，确保全员用这样的文化和价值观指导行动，如何对一些偏差行为进行纠正等。

（二）收集内外部信息

一些包含内部控制内外部信息和数据收集的渠道如表2.9.1所示。

表2.9.1　　内外部信息收集渠道

内部信息来源	外部信息来源
·电子邮件 ·检查现场工作程序 ·会议记录 ·工时记录系统 ·生产运营报告 ·客户调查 ·举办电话 ……	·外部供应商的数据 ·行业分析报告 ·竞争对手的信息公告 ·监管机构 ·社会媒体 ·举报电话 ……

（三）通过信息系统处理数据

现在企业利用信息系统处理数据的情况越来越多，管理层应该涉及并实施控制活动确保信息系统录入数据的完整性及可靠性。

信息系统处理数据带来边界和效率提升的同时，也会带来一些挑战，对于基础数据的处理、利用和安全，需要对此产生的风险进行关注。

（四）保证信息的质量

风险管理或者内部控制要想取得好的效果，必须使用最佳的可用信息，这也是ISO 31000的八大原则之一，最佳指的是最好的信息、质量最高的信息，可用信息指的是尽最大可能收集到的已经生成或者存在的可被获取的信息。

高质量的信息有以下几个标准或关注点：

○ 可获取性
○ 全明性
○ 准确性
○ 即时性
○ 受保护
○ 可留存
○ 充分性
○ 及时性
○ 有效性
○ 可验证性

二、原则 14：组织应在内部对内部控制目标和责任等必要信息进行沟通，从而支持内部控制持续运行

（一）沟通内部控制信息

企业需要设定保障内部有效沟通的制度和流程，清晰地传达全员的内部控制目标和各岗位的职责，并对这些内容进行定期或不定期的沟通。

组织从横向、纵向都可以对控制的薄弱环节、控制失效和违反控制的情形进行及时沟通。

（二）与董事会的沟通

董事会对于内部控制的监督和检视是内部控制环境的重要内容，董事会应建立对内控工作在设计、实施、重大变化、监督评价等各重要方面的信息沟通机制，确保监督职能的履行。

对于内部审计而言，独立于经营层的内部审计职能设置对内部控制体系而言是必要的，内部审计必要时应该可以直接向董事会汇报。

（三）非常规渠道的信息沟通

从内部控制而言，非常规渠道即针对特定或例外事件不遵循常规的职能

汇报线传递信息的情形。

应用最多的就是举报机制，不管是匿名还是实名。对于实名情况，需要建立举报人保护机制，这是内部控制中的明确要求。

例如，举报箱附近不允许有任何监控设备，防止对举报人进行识别。

三、原则15：组织应就影响内部控制发挥作用的事项，与外部进行沟通

外部沟通包括股东、外部合伙人、所有者、监管机构、供应商、客户、融资方等利益相关方，还包括为企业提供服务的外部机构，如审计师、咨询顾问、财务分析师等。

应制定与外部沟通、获取外部信息、提供信息给外部相关方的制度和流程，确保相关控制持续运行，并及时与董事会等相关责任机构反馈信息沟通结果。

第10篇　内部控制始于对监督权的追求

——COSO 新版内部控制框架解读（九）

本篇介绍新版内部控制框架的监督活动部分，如图 2. 10. 1 所示。

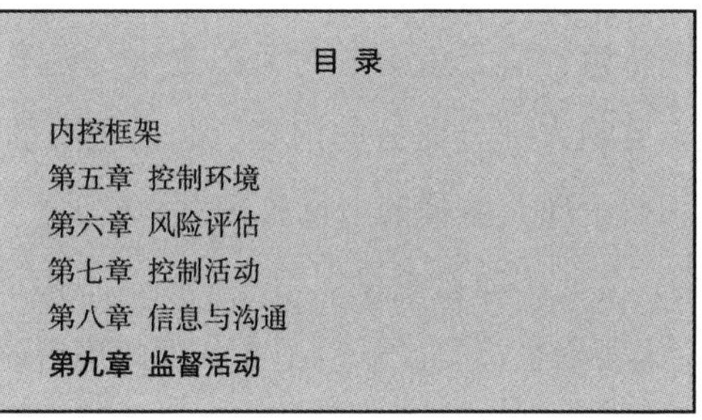
目 录

内控框架
第五章 控制环境
第六章 风险评估
第七章 控制活动
第八章 信息与沟通
第九章 监督活动

图 2. 10. 1　COSO 内部控制整合框架 2013 版目录（9）

《礼记·大学》中有一个概念，叫“君子慎独”，意思是品德高尚的人在独处的时候也是谨慎的。通俗一点解释就是，一个人独立工作、无人监督时，有做各种坏事的选择，但选择不做坏事，就叫慎独。

如果一个人做的事只和自己有关，不需要监督，需要用慎独自己约束自己。但如果一个人做事涉及另外一个或多个利益相关方，就会牵涉个人的“私”利与“公”利之间的平衡，如果一旦产生冲突不免出现损公肥私的情况，如何保障“公”利不受损害？

答案是需要监督，包括今天我们熟知的不相容岗位的分离、交叉复核等方式，都是追求监督权，以期达到公平、公正、抑私、止恶等控制目标的手段。

内部控制始发于内部牵制、发展于所有权与经营权的分离、成熟于资本市场对公众公司保护投资者的要求，也是利益相关方为实现监督、用规则约束决策方与执行方的手段。

如何实现好的监督？

需要设定规则，用明确的规则提供确定性，将监督的内容尽量融入规则，降低监督成本，提高监督效率。

最近这几年国有企业致力于大监督机制，整合监督力量，形成合力，这样拉通职能管理的做法没有错，因为涉及国有资产所有权与经营权的分离，监督是必要的，如果以保障国有资产保值和增值为目标，监督也是非常重要的一环控制方式。

但需要注意一点是，监督的成本不宜过高，因为监督本身不创造价值，而是对价值的确认与核实。

如果企业不生产价值，监督就会成为无源之水，迟早会干涸。正确的做法是用完善的规则覆盖绝大部分监督的内容，画出重要的线，挑出重要的关键点，以点带线，用线牵面，监督的力量放在点和线上。

我们现在的监督工作很多时候直接覆盖一个面，工作量巨大，而且各监督职能从不同的角度对监督对象反复翻炒，把业务部门搞得应接不暇，影响了价值创造活动，这样的成本会让企业的风格变得保守，丧失竞争力和创造力。

监督是一把“双刃剑”，运用得好可以更好地保护价值、支持价值创造，运用得不好会流失价值或抑制创造价值。

监督评价是每一个管理体系中的必备要素，在内部控制体系中，监督活动作为最后第5个要素，监督与改进作为闭环，进行持续完善。

我们之前介绍过控制活动的内容，有人会混淆控制活动和监督活动，因为有些监督的工作也会被看作是控制活动，但两者是不同的，控制活动的对象是对具体风险，从而实施的控制行为。而监督活动的对象是对内部控制的5要素而言，确保和这些要素相关的控制活动持续有效运行。

例如，对于采购管理来讲，供应商付款的控制活动是为了防止未达到付款条件即付款的情况，而监督活动关注的是，如果出现了这样的付款情况，到底是什么原因导致的，应该从内控的5要素中哪个要素进行完善，并要求管理层做管理改进。

一、原则16：组织应选择、开展并实施持续评估和单独评估，以确认内部控制的各要素存在并持续运行

（一）关注环境的变化

对于处在外部环境快速变化中的企业，应不时地评估环境变化对于内部控制各要素持续运行的影响。

（二）熟悉控制现状

对内部控制进行评估应该对现有的控制体系设计和运行有充分的理解和掌握，这是进行内控评价的基础。

（三）持续评估

持续评估一般由业务部门来负责，因为一线职能最有优势接收最新的信息并具有分析处理能力，所以最好的控制活动是融入业务过程中的，最好的监督评价活动也是嵌入业务过程中的。

（四）单独评估

企业一般的独立监督职能是由内部审计机构来承担，内部控制的单独评估一般情况下也由内部审计部门来承担。

另外，如果企业设置有单独的内部控制职能，内部控制职能也可以进行内部控制评价，但两者的角度是不同的，内部审计强调独立监督，置身之外；内部控制职能强调自评价，置身其中。

二、原则17：组织应评价内部控制缺陷，并及时与整改责任方沟通，必要时还应与高级管理层和董事会沟通

（一）对评估的结果进行评价

公司董事会或管理层应对监督活动（持续评估和单独评估）的结果进行

讨论和评价，对监督活动中识别出的一些缺陷和改进机会进行反馈。

（二）沟通内部控制缺陷

公司根据外部法律法规、监管机构的要求，由公司董事会和管理层根据企业自身情况建立内部控制缺陷标准。按照此标准去评价内部控制的设计和执行情况。

例如，2010年财政部等五部委发布的《企业内部控制配套指引》中，其中的《企业内部控制评价指引》文件里给出了内控缺陷的定性标准：

- 重大缺陷，是指一个或多个控制缺陷的组合，可能导致企业严重偏离控制目标。
- 重要缺陷，是指一个或多个控制缺陷的组合，其严重程度和经济后果低于重大缺陷，但仍有可能导致企业偏离控制目标。
- 一般缺陷，是指除重大缺陷、重要缺陷之外的其他缺陷。

国资委公布的《关于加强重大经营风险事件报告工作有关事项的通知》中，将中央企业需要上报的重大经营风险事件或内控缺陷分为以下几种情况：

- 对实现年度经营业绩目标影响超过5%或造成重大资产损失风险。
- 被司法机关或监管机构立案调查，主要资产被查封、扣押、冻结或企业面临行政处罚等，对企业正常生产经营造成重大影响。
- 受到境外国家、地区或国际组织出口管制、贸易制裁等，企业国际化战略或国际形象产生影响。
- 被境内或境外媒体网络刊载，造成重大负面舆情影响。

上市公司每年披露内部控制自评价报告和审计报告时，也需要披露内部控制缺陷的评价标准，一般包括定量和定性两种标准。

对这些识别出的缺陷上市公司要进行整改，整改的工作要同时报送整改实施方的上一级管理层，便于其对整改效果实施监督。

（三）监督整改措施

负责整改实施的人和负责整改监督的人不能由一方兼任，属于不相容岗位，需要分离，可以如上面所谈的那样由实施层的上一级管理层实施监督，对于未整改完成的内部控制缺陷，公司管理层和内部控制、内部审计职能应持续关注整改进展，实施持续评估和单独评估。

另外，2013 版的 COSO 内部控制框架还有一部分专门针对对外报送财务报告所适用的内部控制框架内容，最大的不同点是这部分内容专门服务于内部控制三目标中的财务报告目标。

目标聚焦了，风险也有所聚焦，因此，最大的内容差异部分是风险评估这一要素，上市公司的财务报告真实准确和信息披露对上市公司至关重要，上市公司的内控职能人员可以好好看看这部分内容。

第 11 篇　内部控制不是万能的！

——COSO 新版内部控制框架解读（十）

我们给大家介绍一下内部控制的局限性，与任何管理体系一样，没有任何一个体系是万能的，或可以提供 100% 的把握可以达到目标。因为受制于内外部环境、发展阶段、资源限制、认识能力等方面因素的不同，任何一个体系都有其局限性。

谈内部控制的局限性，需要先明确内部控制的目标，按照 COSO 对内部控制的定义，内部控制是对企业的运营、报告、合规目标的实现提供合理保证的过程。所谓的局限性就是对实现这些目标的局限性，所以只能是“合理保证”而不是“保证”或“绝对保证”。

内部控制，顾名思义，是企业内部的、基于控制的，所以局限性首先要从这个大的方面来谈。为了便于大家理解宏观，笔者画了一个图供大家参考。

内部控制能够发挥作用的地方是组织内部，所以我们看到内部控制 5 要素的第一个要素是内部环境（也称为控制环境），那么，对于组织的外部，甚至是组织和外部交互的灰色区域，内部控制能够发挥的作用都非常局限，原因是什么？

因为组织内部可掌控，是对确定性的追求，而组织外部不可控，特征是不确定性，内部控制是增强企业确定性的手段，对于不确定性来说，内部控制无法“控制”。

因此，我们希望借助内部控制体系帮助企业建立完善的管理基础，是我们在面临外部不确定性时“确定”能够做的，有时也是唯一能够做的。如果中国企业的管理基础不牢，内部管理确定性丧失，连内部管理都呈现不确定的混乱局面，那么在应对外部挑战的时候很容易陷入空对空的情况，波动性及易变性极强。

组织外部是否都不可确定？这里面有一个例外，如果企业的一些产品和服务进行了外包，这些外包商需要必须接受并实施本组织的控制要求，这属于本组织确定性控制的外延到主体之外，也属于内部控制的范畴。

那么，在组织内部，是不是实施了内部控制一定能实现控制效果？不是。

刚才我们说的是内外矛盾，转向内部时，照样存在内部矛盾，由于这些内部矛盾的存在，导致内部控制的美好预期很有可能达不到。

内部控制的局限性就是基于上述这些大的背景提出来的，我们一起来看一下。

一、判断（judgement）

判断与决策并不是单纯由控制和程序的输出结果，而是混合了决策者综合外部情况的变化和内部环境作出的整体考量和决定，这里面，含金量最高的就是人的意识介入，内部控制无法对其工作进行控制和指导。

当然，AI 的发展是否会剥夺人类在此独有的话语权，以及暗默知识是否能完全转化成 AI 的代码和程序，是有不确定性的。但是，后期的决策模式过渡阶段肯定是智能决策系统和人脑的结合，这确是确定的。

二、外部事件（external events）

当外部事件发生导致组织的目标无法实现时，如“9·11”恐怖袭击、新冠肺炎疫情等突发事件，内部控制对此是无能为力的，这也是内部控制的局限。因为这些是外部的不确定性引发的，需要用企业风险管理的手段，如之前和大家介绍的业务持续性管理（BCM）就是属于这类手段。

三、失效（breakdowns）

设计再完善的内部控制，如果没有执行也是白搭，由于执行控制职能或岗位人员的工作态度、工作能力不能有效执行控制的时候，内控就会出现失效。

还有一种情况就是执行控制的人员临时离开，新人接替会出现控制不连续，之前给大家举过疫情期间美国公布特朗普总统继任计划的例子，就是这个原因。

四、管理层凌驾（management override）

管理层凌驾是很多中国企业都面临的问题，特别是上市公司，管理层为了达到某种目的，游离于控制体系之外，逾越控制程序和制度，包括以下方面：

- 虚增收入，掩盖市场份额的下滑或预期不达；
- 虚增利润保持增长假象；
- 为了绩效奖金兑现，粉饰财务数字；
- 掩盖债务或违约事实；
- 隐瞒违法违规行为。

瑞幸咖啡造假事件，非常生动地诠释了这个局限性，如果管理层有意而为之，就必须打破企业内部控制的限制，更何况在内部控制还不完善的情况下。

内部控制可举程序正义，人心的正义控不住。

五、串谋（collusion）

内部控制的一大手段就是不相容岗位的分离，达到内部互相牵制的作用，但是不相容岗位的人员合伙同谋，让原本没有缺陷的控制失效，这超出了内部控制的范畴，也是其局限性之一。

我们看到很多舞弊案件都是内部知情人举报，这也是合伙串谋的风险，因此，找“合伙人”风险也很大。

六、成本限制（cost limitation）

控制需要成本，要想实现绝对控制，需要投入大量的成本，而且控制和成本的关系是边际效应递增关系。因此，没有企业会不计成本地追求完美控制，而只会追求合理控制，如果一味地追求控制，投入了大量成本，同时丧失了企业的效率，是得不偿失的。

上述问题都决定了内部控制的固有局限性，内部控制不是万能的，但是一个企业没有内部控制却是万万不能的。

第12篇　如何利用三道防线模型，使内部控制体系在企业落地

——COSO 新版内部控制框架解读（十一）

内部控制体系如何落地，即内部控制体系如何与企业的管理职能对接。这是一个非常重要的问题，在 COSO 框架里并没有给出答案。

在新版内控框架的附录 B 中，谈到了内部控制的角色与职责，里面提到了一个关于三道防线的概念，在第一部分有一篇文章专门介绍了三道防线的概念——风险管理三道防线，其含义已变，另外，我们还有其他好几篇介绍三道防线的内容。但是，内控框架附录 B 中的角色与职责的描述，并没有解决角色与职责同内部控制要素之间的对应关系，对企业中到底谁来执行内部控制的哪些工作没有明确阐述。

为了解决这个问题，2015 年，国际内部审计协会（IIA）联合 COSO 共同发布了一个文件《如何在三道防线模型（如图 2. 12. 1 所示）中使用 COSO 内控框架》（*LEVERAGING COSO ACROSS THE THREE LINES OF DEFENSE*）。

关于三道防线的概念，相信从业者早有耳闻，特别是内部审计工作者，因为 IIA 早有相关报告和资料介绍三道防线的概念，这次与 COSO 内控框架的结合，旨在将三道防线的职能和内控的要素、原则进行关联，更好地利用 COSO 的内控框架充实三道防线的工作内容，也使 COSO 的内控框架更好地被落地实施。现在，我们把这篇文章的观点给大家介绍一下。

一、董事会及高级管理层

虽然董事会和高级管理层不属于三道防线中的任何一道，但它们的作用

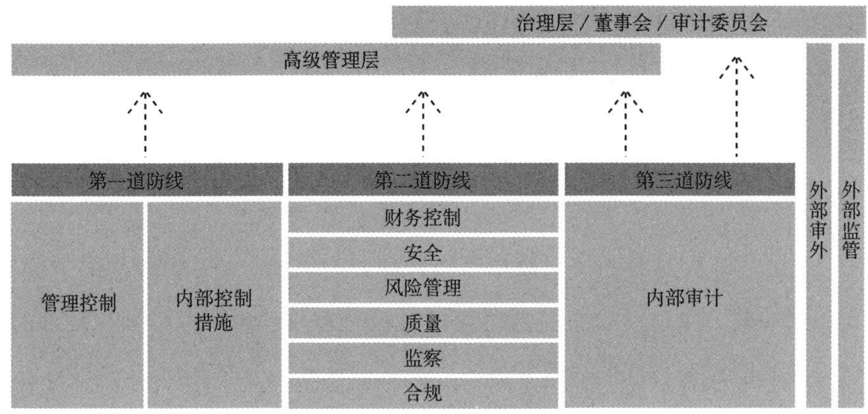

图 2.12.1　三道防线模型

却是不可或缺的，在董事会的监督下，高级管理层负责内部控制的建立、改进和评价。

董事会和高级管理层负责设立组织目标，规划实现这些目标的战略，并建立治理结构来更好地管理风险。高级管理层对第一和第二道防线的活动负有最终责任。

董事会和高级管理层对组织的控制环境负有主要责任，所以内控框架和董事会及高级管理层的对照关系如图 2.12.2 所示。

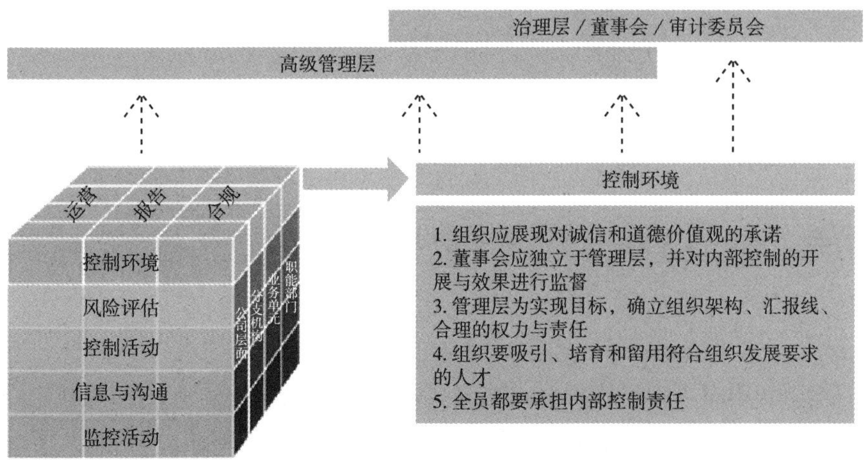

图 2.12.2　董事会及高级管理层的内控职责

二、第一道防线：运营管理

三道防线模型中的第一道防线主要由业务前台和中台负责日常风险管控工作。运营经理设计并实施组织的控制和风险管理流程。这些包括内部控制流程，旨在识别和评估重大风险以及执行计划的活动，关注存在缺陷的流程，应对控制失效，并与活动的主要利益相关者沟通。运营经理必须有足够的技能，以使其能够在它们的运营领域内完成这些任务。

高级管理层对所有的一道防线活动负有全面责任。对于某些高风险领域，高级管理人员也可以直接监督前台和中台管理，甚至亲自执行一定程度的一道防线职责。

第一道防线主要对应框架中的风险评估、控制活动和信息沟通部分，对于运营管理者，还包括监控活动部分，如图 2. 12. 3 所示。

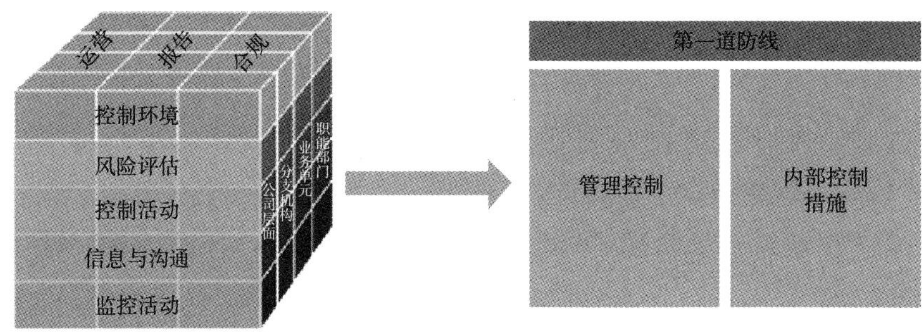

图 2. 12. 3　第一道防线的内控职责

三、第二道防线：内部监督和监视职能

第二道防线包括各种风险管理和合规职能，以帮助确保由第一道防线实施的控制和风险管理流程是适当地设计并按预期运行。这些管理职能与一道防线运营管理分离，但仍处于高级管理层的控制和指导下。

第二道防线的职能通常是负责对控制和风险的持续监控。第二道防线人员经常与运营管理紧密合作，帮助确定实施策略，提供风险的专门知识，实施政策和程序，收集信息，以建立企业范围内的风险和控制视角。

在管理层的监督下，第二道防线负责监督特定控制的执行是否得当。

第二道防线的监督应根据组织的具体需要量身定做。通常，这些活动与日常的业务活动分开。在某些情况下，监控活动分散在整个组织中，如图 2. 12. 4 所示。

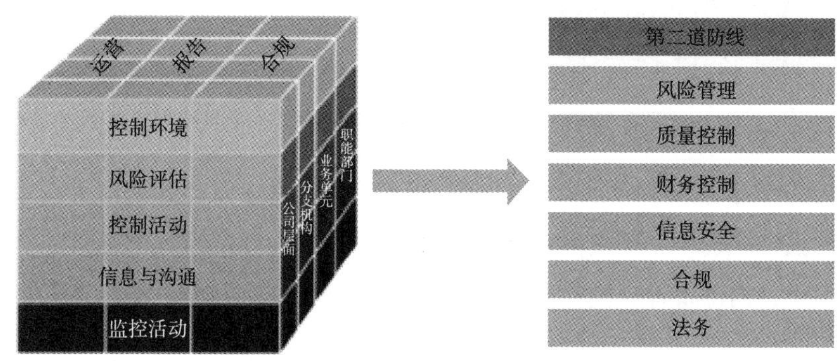

图 2. 12. 4　第二道防线的实施监督职责

与第一道防线相比，第二道防线职能有一定程度的独立性，但它们本质上仍然是管理职能。第二道防线的人员可以直接设计、实施和/或修改组织的内部控制和风险流程，他们甚至可以承担某些业务活动的决策角色。

管理层期望第二道防线有足够的客观性，并向董事会及高级管理层提供重要且有用的信息，以管理风险和控制第一道防线活动。他们还可以向董事会和管理层提供公司层面的风险和控制信息，而这些可能不是第一道防线职能所乐见的。

四、第三道防线：内部审计

内部审计作为组织的第三道防线。IIA 将内部审计定义为一种独立的、客观的确认和咨询活动，旨在增加价值并改善组织的运作如图 2. 12. 5 所示。

内部审计提供了关于治理、风险管理和内部控制的效率和有效性的保证。内部审计工作的范围可以涵盖组织的运作和活动的各个方面。

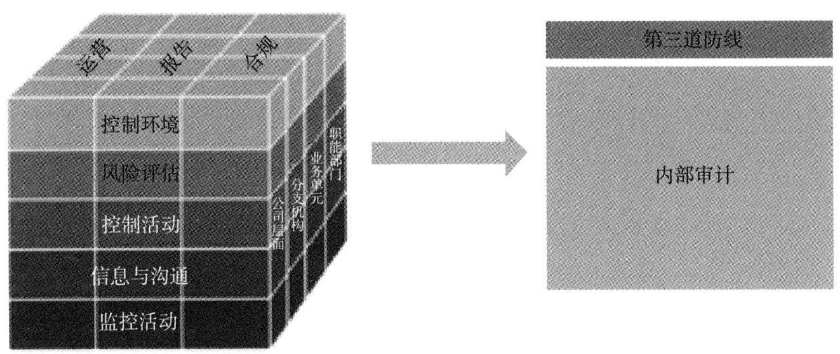

图 2.12.5　第三道防线的整体有效性保障职责

内部审计与其他两道防线的区别在于其组织独立性和客观性更高。内部审计的正常职责中，不负责设计或实施控制，且不负责组织的运营。在大多数组织中，内部审计独立性通过首席审计执行官和董事会之间的直接报告关系而进一步加强。

五、几点感受

本篇文章是利用三道防线模型来阐述如何落实内部控制的，有一定的创新性和启发性，更有利于大家理解内部控制工作与企业的职能如何结合。

但同时，本篇也存在一定局限性，这个局限性来自以下几个方面。

一是 IIA 的局限性，现在的企业风险管理与内部控制，有一个分支是财务审计领域，但审计视角是监督，而不是实施和执行，更不是决策，因此，视角的不同也使对内部控制的设计和实施侧重点有所不同。

二是三道防线本身的局限性，三道防线中谈到的风险基本都是负面的，侧重对组织的价值保护，但这还不是风险的全貌，我们之前写过如何打开风险边界，实现由三道防线到三层价值网的转变。

三是三道防线视角下的第二道防线，定位为 5 要素中的监督是不妥的，反而第三道防线的内部审计应该承担这样的职能更合适一些，第二道防线应该是“中台”，和第一道防线一起参与管理控制和内部控制的设计以及评价改进，不应该只是监督职能。

第三部分

ISO 31000最新风险管理标准解读

第1篇　ISO 31000：2018版风险管理指南全文总览

适逢2018年2月14日——中国除夕当天，国际标准化组织ISO发布了ISO 31000《风险管理——指南》(Risk Management-Guidelines)[①] 标准2018版正式文件，这是自其2009年发布全球第一版风险管理国际标准之后，第一次对其文件进行的更新和升级。

自2017年ISO组织发布31000指南征求意见稿之后，承诺将在2018年2月发布正式版文件。

一、ISO 31000新标准概览

笔者在解读征求意见稿时，将新版风险管理标准中的框架图称为“三轮车”图，并首次对其进行了汉化参考。这个“三轮车”图和2009年第一版ISO 31000风险管理指南的三个方框图相比可谓变化明显，此次正式版的发布，沿用了征求意见稿中的“三轮车”图形展示方式，但内容上相比征求意见稿还是有所变动。

我们先看一下ISO 31000 2018版正式文件的“三轮车”框架图，如图3.1.1所示。

图3.1.1中，用三个圆形图分别表示了新标准中的原则、框架和过程。

---

① 2022年10月，我国发布了等同采用ISO 31000的国家标准GB/T 24353－2022《风险管理 指南》，本书翻译部分如与国家标准有差异，请以国家标准为准。

其中，原则轮中，最核心的内容为“价值的创造和保护”，体现为八个原则。

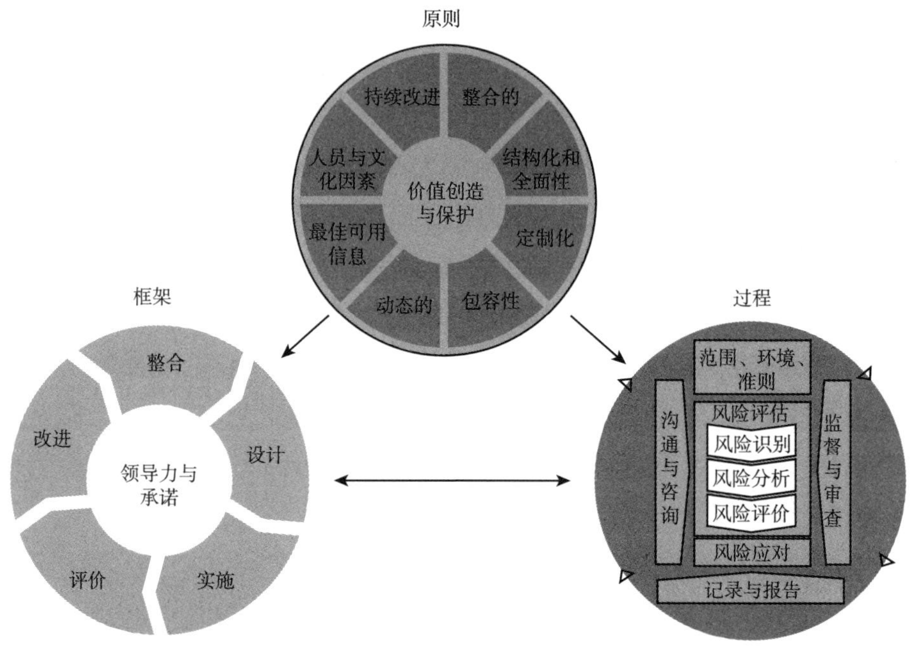

图 3.1.1 ISO 31000 2018 版正式文件风险管理框架

（1）整合的。风险管理是组织所有活动的组成部分。

（2）结构化和全面性。风险管理的结构化和全面性有助于获得一致的和可比较的结果。

（3）定制化。风险管理框架和流程是根据组织与其目标的外部和内部背景来制定的，并与其密切相关。

（4）包容的。需要考虑利益相关方的适当和及时参与，融入他们的知识、观点和看法。这可以使相关方提高对风险管理的认识和了解其动态。

（5）动态的。随着组织内部和外部环境的变化，风险可能会出现、变化或消失。风险管理会以适当和及时的方式预测、监控、掌握、响应这些变化与事件。

（6）最佳可用信息。风险管理的输入是基于历史和当前的信息以及未来预期。风险管理应明确考虑到与这些信息和期望相关的任何限制与不确定性。信息应及时、清晰地提供给利益相关方。

（7）人员与文化因素。人员行为和文化在不同层面和阶段的各个方面明显影响着风险管理。

（8）持续改进。通过学习和经验积累，不断提高风险管理水平。

框架轮中，最核心的为“领导力与承诺”，体现为五个步骤。

（1）整合。整合风险管理依赖于对组织架构和环境的理解。架构因组织的目的、目标和复杂程度而异。组织架构中的每个部分都需要进行风险管理。组织中的每个人都有责任管理风险。

（2）设计。在设计风险管理框架时，组织应该检视并理解其内部和外部环境。组织对风险管理的承诺应在适当时传达给内部和利益相关方，并进行分配组织角色、权限、职责；分配资源；建立沟通和咨询。

（3）实施。组织应通过以下方式实施风险管理框架：

- 制定适当的计划，包括时间表和资源配置；
- 在整个组织内，确定在什么地点、什么时间、由谁来进行不同类型的决策；
- 在必要时，调整适用的决策程序；
- 确保组织的风险管理安排得到清晰的理解和实施。

（4）评价。为了评估风险管理框架的有效性，组织应该：

- 根据其目的、实施计划、指标和预期行为定期衡量风险管理框架的绩效；
- 确定它是否仍然适合支撑组织目标的实现。

（5）改进。组织应持续监控和调整风险管理框架，以解决内外部的变化。这样做，组织可以提升其价值。组织应不断改善风险管理框架的适用性、充分性和有效性，以及风险管理流程的整合方式。

在过程轮中，包含了六个方面：

（1）沟通和咨询。沟通和咨询的目的是协助利益相关方理解风险、明确作出决策的依据以及需要采取特定行动的原因。沟通旨在促进对风险的认识和理解，而咨询涉及获取反馈和信息以支持决策。

（2）范围、环境和准则。确定范围、环境和准则的目的是针对性地设置风险管理流程，实现有效的风险评估和恰当的风险应对。

（3）风险评估。风险评估是风险识别、风险分析和风险评价的整个过程。

（4）风险应对。风险应对的目的是选择和实施应对风险的方式。

（5）监测和评审。监督和审查的目的是保证和提升流程设计、实施、结果的质量以及有效性。在最开始规划风险管理流程时，应该将持续监督和定期审查作为其中的一部分内容，明确界定其职责。

（6）记录和报告。有关创建、保存和处理记录信息的决策包括但不限于：使用信息的敏感性以及内外部环境。报告是组织治理的一个组成部分，应提高与利益相关方的沟通质量，并支持高级管理层和监督机构履行其职责。

二、新标准与老标准的异同

按照ISO自己的论述，新标准和老标准的异同主要体现在四个方面。

（1）重新审阅了所有的风险管理原则，这是其是否能够取得成功的关键标准；

（2）重点强调了高级管理层的职责以及与各项管理活动的整合，从组织的治理着眼；

（3）更加强化了风险管理工作的迭代性质，提示了在每一个流程环节，随着新的实践、知识和分析能力而对流程要素、方案和控制的修正；

（4）为了满足多样化的需求，保持一个更加开放和包容的系统，精简了一部分内容。

对于上述第四点而言，ISO一直宣称，这次修订风险管理标准的一大初衷是使风险管理标准更简洁，更利于理解和运用，所以删除了很多复杂的语句和句子。从篇幅上也能看得出来，新版风险管理标准比第一版共减少了7页，缩减了将近1/3。

那么，在具体内容上其与上一版到底有什么变化？我们先来看一下第一版的框架图，如图3.1.2所示。

比较来看，原则部分，由11项原则缩减为8项；框架部分，强化了领导层的职责和整合的重要性；过程部分，强调了对于范围和标准的定义，以及对于记录与报告的突出；整体上看，新版“三轮车”示意图比第一版示意图更能体现原则、框架、过程三者之间的相互作用关系。

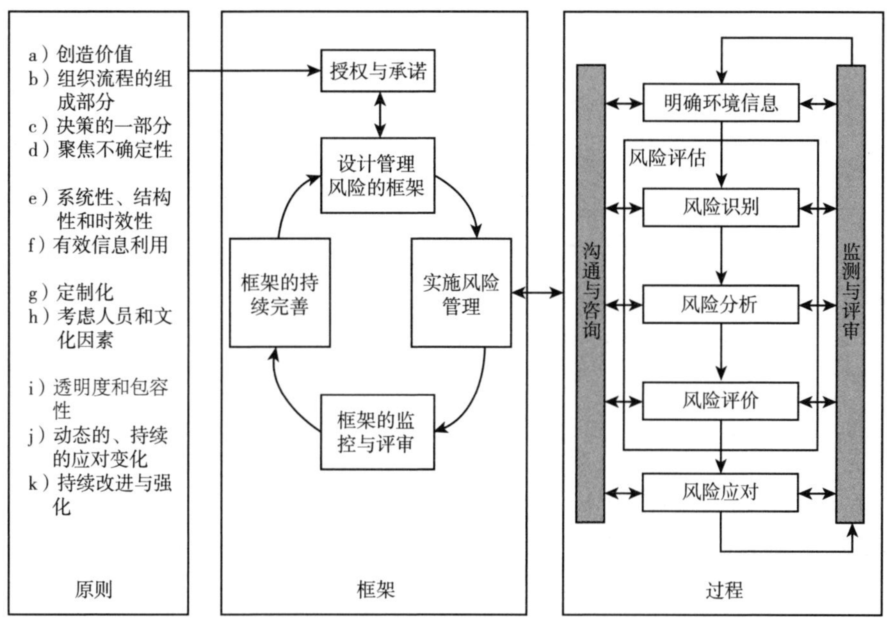

图 3.1.2 2009 年风险管理框架

三、ISO 31000 与中国风险管理标准 GB/T 24353 的关系

中国在 2009 年 9 月也发布了风险管理国家标准——《风险管理——原则与实施指南》GB/T 24353－2009，需要注意的是，中国的国家标准并不是对 ISO 31000 标准的正式采用，从时间上可以看出，中国的国家标准比国际标准要早一个半月发布，中国的风险管理标准主要参考的是 ISO 31000 的最终草案稿（FDIS）。

中国风险管理标准的起草组在参加国际风险管理标准制定的同时，也在起草风险管理国家标准。

四、ISO 31000 与 COSO ERM 的关系

2017 年之前，如果对比 ISO 31000《风险管理——指南》2009 和 COSO《企业风险管理——整合框架》2004，我们认为，ISO 31000 是基于管理流程的，通过为每个组织和管理活动嵌入风险管理基本流程，将其集成到现有的战略和管理计划中。而 COSO ERM 的模式是基于控制和合规的“大内控框架”。因为 COSO ERM 是由审计师、会计师和控制专家编写的，而 ISO 是由国际标准专家和各类风险管理从业者共同编写的。在 COSO 发布革命性新版企业风险管理框架之前，我们认为，ISO 31000 对风险管理工作的定位更好一些。

2017 年，ISO 和 COSO 都对风险管理文件和标准进行了更新，特别是 COSO 企业风险管理框架翻天覆地的变化，使其更加注重对企业战略和愿景的支撑、与价值创造紧密关联，更加强调和业务活动的融合。我们也从这种变化中看到了非常好的一个趋势、一种趋同性，就是风险管理活动对主体创造、保持价值的目标都是一致的。ISO 旨在建立一个全球各种主体和组织都通用的风险管理适用性标准，而 COSO 则主要聚焦在企业的风险管理层面，尽管其宣称新标准将适用于任何主体，但显然企业仍是其目标重点。

ISO 本次更新标准的适用范围，一以贯之地将其定位为“任何组织、任何类型、全寿命周期、任何活动”，强调本标准在风险管理领域的普遍适用性。的确，ISO 31000《风险管理——指南》虽然只有短短十几页的内容，但提供的都是定位、原则、方向、方针等大是大非的问题，这些问题对任何情况下开展风险管理工作均适用。

按照我们的理解，ISO 确实为风险管理提供了一个纲领性的文件，也是任何类型组织、任何时候、任何活动都应该遵循的风险管理工作指南。如果要谈缺点，那肯定是由于宏观原因，没有给出任何实施细则和操作步骤，导致有些人看完之后也不知道怎么下手开展工作，这和文件的定位有关。而这一版比上一版更加简化，ISO 试图解决的是思想意识和顶层设计问题。

而 COSO 发布的是几百页的框架文件，从内容的丰富程度上肯定更好一些，在企业（盈利性商业主体）风险管理领域的应用还是高于其他任何领

域。但最新发布的 COSO 和 ISO 文件，在精神内核上已经趋同。

五、新标准重点解读

1. “价值”聚焦

笔者曾多次在文章中提及，风险管理工作要聚焦在组织的价值创造活动中，支持或协助组织更好地进行价值创造和保护。COSO 发布的新版企业风险管理框架也是将企业的风险管理工作聚焦在企业价值的创造、保护和实现上；同样，“三道防线”理论也强调第二道防线和第三道防线利益的一致性，都是聚焦于企业价值的创造为最终目标。

本次 ISO 31000 的修订，将原则的核心定位为价值的创造和保护，可见，国际主流的思想是趋于一致的，风险管理工作的定位就是为了更好地帮助企业创造价值。

2. “决策”为核

新版 ISO 风险管理标准数次在不同的章节中强调风险管理对于决策支持的重要性，指出任何组织和个人无时无刻不在面临作出决策的情况。如果说风险管理聚焦于价值的创造和保护，那这个目标是组织通过作出一系列决策而达到价值实现的。风险管理让我们可以更好地管理不确定性，从而为更好地作出决策以应对不确定性提供支持。

这样的观点同样在 COSO 新版风险管理框架中被强调和突出。在企业实践界应该考虑如何加快构建决策过程中的风险考量政策和程序。

3. “整合”为重

新版的标准中，原则轮和框架轮都将“整合”作为第一个要素，可见其重要性，ISO 在其第一版文件中就强调了风险管理工作不是一项孤立的管理活动，而是和其他管理活动紧密结合的一项工作。但 ISO 组织显然觉得这样的提醒还不足够，本次特意将其立意放在第一位来阐述，希望能够将“整合”的含义传递得更加清晰和明确。

孤立的风险管理工作并无实际意义，按照 ISO 的建议，风险管理工作应该与组织的所有管理活动整合，成为任何管理经营活动的一部分，包括但不限于：战略和规划、公司治理、人力资源、合规、质量、健康与安全、业务连续性、危机管理与安全管理、组织抗风险能力、IT 等。

4. 领导层担当

在框架轮中，最核心的内容为“领导力与承诺”，强化了对于领导层在风险管理工作中的角色和职责。按照 ISO 风险管理委员会时任主席杰森·布朗（Jason Brown）所言：以前风险管理从业者往往处于组织管理的边缘，这种强调将帮助他们证明风险管理是企业管理不可分割的一部分。

“领导力与承诺”的提法同样出现在 ISO 9000 质量管理体系中，都是强调管理层对此项工作的主要责任。某行业的质量管理认证体系中，更是将风险管理作为质量体系认证是否通过的第一个 KO 项（一票否决项），可见管理界对风险管理工作的认识和重要性等级在快速提升。

六、谁将受益

1. 最高管理层

如上分析内容所述，新标准强调了对组织价值创造的贡献，在公司治理层面突出了最高管理层对此项工作的职责，提供了明确的职责清单。而且有迹象显示，企业风险管理的好坏有可能会成为未来检验企业管理能力和有效性的一项非常重要的内容。从内外部环境来看，这些都将有助于推动高级管理层在更好地履行风险管理职能的同时，更加重视企业的风险管理工作。

2. 以风险管理、内控部门为首的第二道防线

以往的风险管理职能在定位上会有一定的灰色地带，新标准突出了最高管理层的风险管理职责，推动职责的落实和实施，自然也会带动相关风险管理职能部门的上位，因而会对第二道防线的风险管理职能部门有一定推动作用。

3. 内部审计部门为主的第三道防线

“风险导向”的内部审计是近些年来内部审计工作发展的主要方向之一，那么如何更好地帮助企业建立一套有效的风险管理体系也是内部审计的职责所在。一个风险管理能力良好的企业和一个风险管理能力较差的企业，其审计风险的高低不言而喻。内部审计的风险管理职能如图 3. 1. 3 所示。

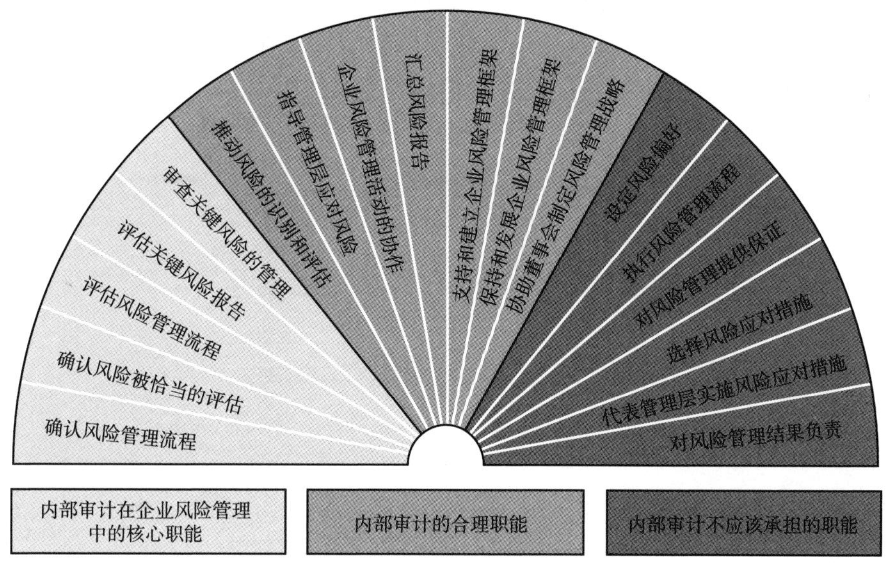

图 3. 1. 3 内部审计的风险管理职能

资料来源：国际内审协会（IIA）立场报告：内部审计在企业风险管理中的角色，2009 年 1 月。

其实，ISO 早在 2010 年就与国际内部审计协会（IIA）展开了合作，编制了基于 ISO 31000 的内部审计职能对于企业风险管理能力确认或保证的相关指导文件。新标准的发布在推动企业建立和完善企业风险管理体系的同时，也一定会推动以“风险为导向”的内部审计工作的进一步发展。

七、一个被广泛采纳的国际标准

根据 ISO 风险管理委员会首任主席凯文·奈特（Kevin Knight）先生提供的统计信息，ISO 31000 自 2009 年发布以来得到了全球各个国家的支持和响应。截至新版本发布前，已经有 57 个国家采纳了 ISO 31000 风险管理标准，并在此基础上发布了其国家风险管理标准，如中国国家标准《风险管理——指南》GB/T24353。

随着 ISO 31000 的更新和发展，相信会有更多的国家重视风险管理工作，加入 ISO 31000 的大家庭中。正如 ISO 风险管理技术委员会时任主席布朗（Brown）先生所言，任何组织都应该重视风险管理，更好地管理好本身面临的风险以达成其目标，因为“风险管理的失败即是承受着经营失败的风险（failure to manage risks is inherently risking failure）。”

第2篇　2017《风险管理原则与指南》送审版解读

2017年上半年，国际标准化组织（ISO）完成了ISO 31000《风险管理——指南》的修订版草稿（DIS）。按照ISO对于国际标准的管理惯例，5年审阅一次。第一版ISO 31000是在2009年11月份发布的，这么算来，2014年ISO就应该启动了ISO 31000的修订工作。2015年3月，ISO 31000完成了委员会草稿（CD）。

一、ISO 31000是什么标准

ISO 31000是ISO在2009年发布的全球性的第一个风险管理标准，它的结构和基础主要是参考了澳大利亚和新西兰于1995年联合发布的风险管理标准AS/NZS 4360，这也是全球第一个国家层面的风险管理标准。此标准在1999年、2004年被重新修订出版。

ISO 31000：2009年起草的过程以及我国的参与情况如图3.2.1所示。

二、ISO 31000修订稿与2009年版的主要变化

1. 更简洁

按照ISO发布的消息，修订ISO 31000的一个最重要变化是比上一版变得更加清晰和简洁，从修订版草稿来看，整个篇幅减少了3~4页。一些名词的定义被删除，需要参考ISO Guide73《风险管理术语》中的相关定义。有些

时间	国际	国内
2005年	ISO/TMB RM WG成立 第一次工作组会议在日本东京召开	国家标准委派专家参与
2006年	第二次会议 澳大利亚 悉尼	成立专家组
	第三次会议 奥地利 维也纳	提出“风险”的定义，得到许多国家的支持
2007年	第四次会议 加拿大 渥太华	投票采纳我国提出的“风险”的定义
	第五次会议 中国 三亚	成立全国风险管理标准化技术委员会SAC/TC310 主办“2007风险管理国际论坛” 承办第五次ISO/TMB RM WG会议
2008年	第六次会议 新加坡	与加拿大、德国、美国等国家就法律风险管理标准问题达成初步意向 国家风险管理术语、指南标准完成报批
2009年	ISO 31000、Guide73正式出版	GB/T 24353-2009、GB/T 24353-2009正式出版

图 3.2.1 ISO 31000 出台背景与中国参与

复杂的语言和描述也被改善，因而整体文本更精简和精确，让读者更容易理解。但有一些重要的定义还是被保留在 ISO 31000 的正文中，例如：

风险——定义没变动，但注释有变化；

风险管理——没变动；

利益相关方——没变动；

风险源——定义没变动，但注释有变化；

事件——定义没变动，但注释有变化；

后果——定义没变动，但注释有变化；

可能性——没变动；

控制——定义没变动，但注释有变化。

2. 框架的展现方式大变样

ISO 31000 的草稿为我们展示了一个全新的框架图，让人感觉耳目一新，先来看一下 ISO 31000：2009 年的框架结构，如图 3.2.2 所示。

新版的框架被更新为如图 3.2.2 所示，形式进行了变化，我们简单地将其称为“三轮车”框架。在 2009 年的基础上，有些要素被简化了，强化了原则和流程之间的关联，原则方面则突出了对价值创造和保护的总原则。

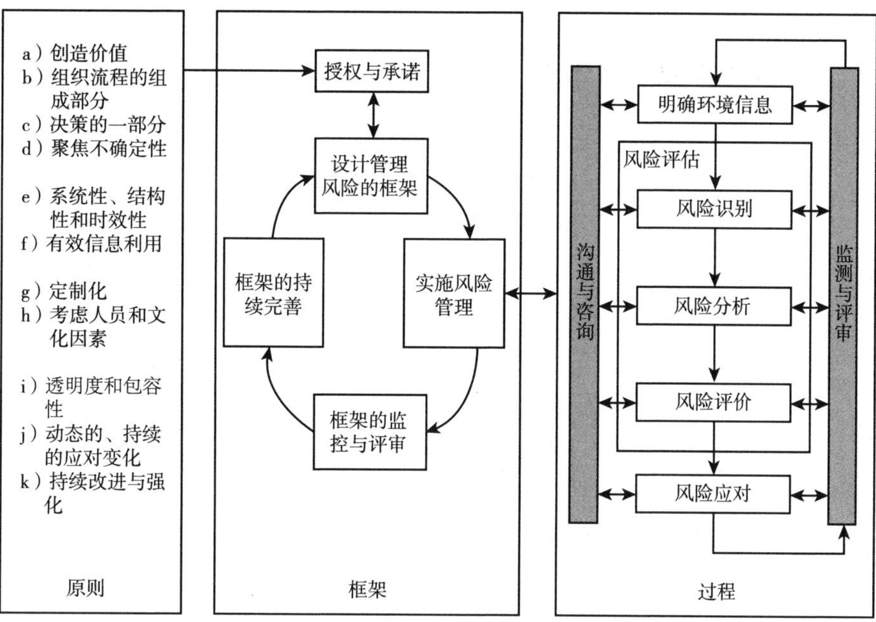

图 3.2.2 ISO 31000：2009 框架

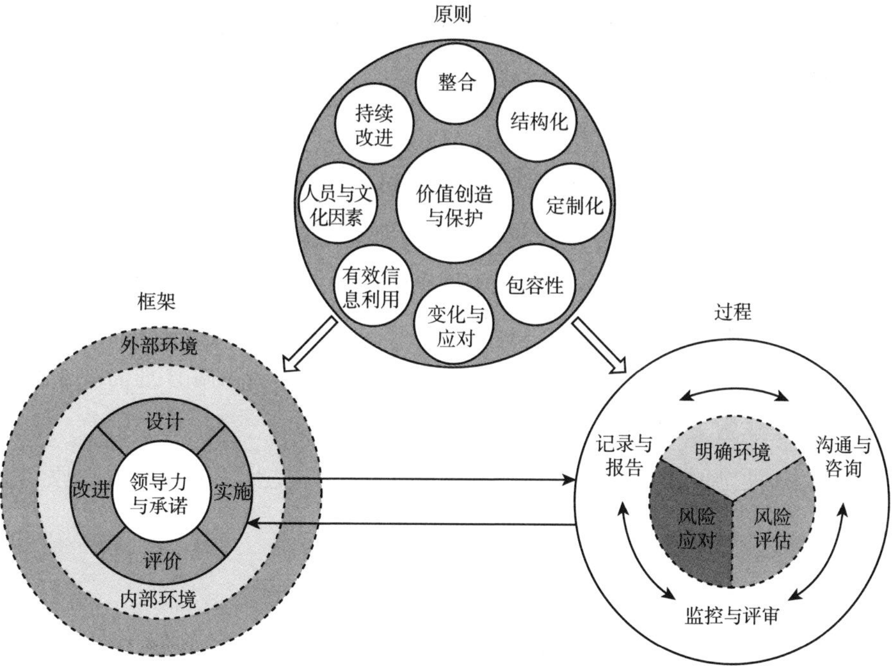

图 3.2.3 ISO 31000 更新送审版框架结构

三、风险管理原则上的变动

看一下之前 ISO 31000：2009 的框架图与送审版框架图的区别，前面的是三个框，后面改为了三个轮子，仔细对照一下发现框架和过程的这两部分内容核心部分基本一致，除了过程这部分在送审版中没有展开，主要的要素还是差不多。

但仔细对比一下原则部分的内容，差别还是比较明显。2009 年版本的原则中，一共有 11 个，而送审版中减少到了 9 个。

第一个首要的原则是创造和保护价值，这个没有变化，在送审版中把这个原则放到了最核心的位置。

仔细核对每个原则对应的内容后，发现减少的 2 个原则是 2009 版的 c 和 d：

c）风险管理是决策的一部分。

风险管理有助于决策者作出明智的选择，确定行动的优先次序，并区分不同的行动方案。

d）风险管理要聚焦不确定性。

风险管理重点要考虑不确定性，不确定性的性质，以及如何处理它。

这 2 个原则在笔者看来是风险管理中非常重要的两个，组织的各项管理活动中，决策环节面临的风险最大，将风险管理嵌入决策机制显然是风险管理中非常重要的一个原则；从风险的定义来看，不确定性是风险管理的主要对象，聚焦不确定性就聚焦了风险的主体，d 原则明确风险管理需要聚焦不确定性也是非常关键的原则。

虽然这两个原则在送审版标准其他多个部分都提及了多次，但在原则上做的这种简化处理，不得不说还是有一些遗憾。

第3篇　风险管理应该自上而下

——ISO31000：2018 风险管理指南系列解读（一）

我们分四篇来分析解读 ISO 31000：2018 风险管理指南，我们先看一下 ISO 31000：2018 风险管理指南的标准结构。

本篇我们先解读前3个部分（如图3.3.1所示），先把前3个部分的重点内容摘录一下，然后给大家划几个理解重点。

ISO31000:2018风险管理指南解读

介绍
1 适用范围
2 规范性引用文件
3 术语和定义
4 原则
5 框架
6 过程

图3.3.1　ISO 31000：2008 目录（1）

一、内容概要

介绍各种类型和规模的组织都面临着外部与内部因素及影响，这些因素和影响使得组织实现其目标面临一定的不确定性。

管理风险是治理和领导力的一部分，对于组织在各个层面的管理至关重要。它有助于改进管理体系。

管理风险是组织所有活动的一部分，包括与利益相关方的交流和沟通。

部分原文内容如下：

1. 适用范围

本文件提供了管理任何类型风险的通用方法，并非行业或行业特定的。

该文件可用于组织的整个生命周期，可应用于任何活动，包括各层级的决策。

2. 规范性引用文件

本文档中没有规范性引用文件。

3. 术语和定义

3.1 风险

不确定性对目标的影响

注1：影响是与预期的偏差。它可以是积极的、消极的或两者兼而有之，可能带来机会和威胁。

3.2 风险管理

指导和控制组织风险（3.1）的协调活动

3.3 利益相关方

对一个决策或活动可以产生影响或受其影响或将会受影响的个人或组织

注1："利害关系方"一词可以用作代替"利益相关方"。

3.4 风险源

单独或组合在一起可能会导致风险（3.1）的要素

3.5 事件

一种特定状况的发生或变化

注1：事件可能是一次或多次事件，并可能有多个原因和多个后果（3.6）。

3.6 后果

事件（3.5）影响目标的结果

注1：后果可能是确定的或不确定的，可能对目标产生正面或负面、直接或间接的影响。

3.7 可能性

事情发生的概率

注 1：在风险管理（3.2）术语中，“可能性”一词用于指发生事件的概率，无论是客观地还是主观地、定性地还是定量地进行定义、测度或确定，并且使用一般术语或数学描述（如给定时间段内的概率或频率）。

注 2：……在风险管理术语中，“可能性”应该与“概率”一词在除英语以外的语言中，具有相同的广义解释。

3.8 控制

保持和/或调整风险（3.1）的措施

注 1：控制包括但不限于保持和/或调整风险的任何流程、政策、设备、实践或其他条件和/或行动。

二、重点拾遗

（一）ISO 31000 和 COSO：ERM 哪个适用范围更广

在解读 COSO 新版企业风险管理框架时，笔者曾提到过，为什么 COSO 推迟了将近 1 年才公布正式版文件。按照 COSO 主席 Hirth 先生透露的信息，其中一个重要原因是想让新版企业风险管理框架可以适用于更广的组织类型，而不仅仅是企业的层面，所以后来调整了很多和商业（business）相关的词汇，可以使框架像其宣称的那样也适用于政府、企业、非营利机构以及其他任何类型和规模的组织。的确，在美国，美国国防部（DOD）、美国国家航空航天局（NASA）、审计署（GAO）等都发布了其相应的 ERM 政策，而这些政策并不是针对企业的，也不一定是基于 COSO 内核的。可见，ERM 这个词在美国已经不仅仅是代表企业风险管理，而成为一个整合风险管理方式的代名词。在这个角度上，从趋势来看，目前中国在行政部门和单位推行的内部控制只是一个阶段性的建设任务，除此之外，也需要对其风险管理能力提出政策和要求。

ISO 本次更新标准的适用范围，一以贯之地将其定位“任何组织、任何类型、全寿命周期、任何活动”，强调本标准在风险管理领域的普遍适用性。的确，ISO 31000《风险管理——指南》虽然只有短短十几页的内容，但提供的都是定位、原则、方向、方针等大是大非的问题，这些问题对任何情况下开展风险管理工作均适用。

描述宏观规律，篇幅必不能太长，篇幅越长越会落入微观，一落入微观领域就会产生局限性。就像老子用了一句“一生二，二生三，三生万物”就描述了整个宇宙一样。

按照我们的理解，ISO 确实为风险管理提供了一个纲领性的文件，也是任何类型组织、任何时候、任何活动都应该遵循的风险管理工作指南。如果要谈缺点，那肯定是由于宏观原因，没有给出任何实施细则和操作步骤，导致有些人看完之后也不知道怎么下手开展工作，这和文件的定位有关。而这一版比上一版更加简化，ISO 试图解决的是思想意识和顶层设计问题。

而 COSO 发布的是几百页的框架文件，从内容的丰富程度上肯定更好一些，但尽管 COSO 如此宣称不限制任何组织，但其在企业（盈利性商业主体）风险管理领域的影响力还是要高于其他任何领域的。所以 COSO 再怎么修改，里面所有的内容还是从原来商业的原型上修改而来的，这也在一定程度上限制了其普遍适用性。在对风险管理工作定位上，前些年 COSO 是走偏了，但最新发布的 COSO 和 ISO 文件，在精神内核上已经趋同。

（二）风险管理应该是自上而下地进行

根据 ISO 的表述，风险管理是企业治理和领导力的一部分，表明了风险管理工作应该从企业的最高层从最高点，自上而下地贯彻，而不是自下而上地形成。自下而上传递的是反馈，而不是工作开展的依据。

COSO 在解释风险管理的定义是一种文化、能力和实践的具体内容时，也同样提供了这样的观点。

所以我们前些年谈，这项工作是一个一把手工程，要想有效果，必须一把手推动，其实反过来也是为一把手服务。有些领导领悟了之后，会发现它的极大价值，执风险管理之剑，一把手可以贯彻管理理念、推动管理变革、行诸多不易行之事。希望我们的从业人员，能将这样的特殊价值定位尽快传递给一把手，也希望一把手能够尽早明白此中的奥秘。

（三）风险等重点定义

本次标准发布的定义和术语部分，和上一版相比，内容被大幅地缩减，只留了几个重点定义，其余的更多词语解释都留在了ISO GUIDE 73《风险管理术语》中。

关于风险的定义沿用了第一版的定义方式："不确定性对目标的影响"，沿用了使用不确定性（uncertainty）定义风险的方式，这个定义也是2009年以来广泛被各方参考和采用的一个定义方式，COSO和这个定义不太一致，COSO一直沿用的是用可能性（possibility）来定义风险。

对于风险的定义一直在演变，从全球的视角看，到现在为止，还没有一个定义可以达成最广泛的共识。从最开始人们对于风险的认识，到后来大数法则、保险业的出现，风险一直都是被人们以概率的形式来描述。后来芝加哥大学著名经济学家弗兰克·奈特在其代表作中，将能够通过计算发生概率的那些不确定性称之为风险，之后的几十年，人们一直用发生概率来定义风险。

再到后来人们认识到除了发生概率，影响程度也是一个非常重要的衡量条件，所以后来有一些定义采用一个发生概率和影响程度联合体（combination）的方式来定义风险。ISO的定义将其推回到了弗兰克·奈特的不确定性，但是扩充了不能计算概率的风险内容。

从文件中的几个重点定义来看，我们可以提炼出许多关键词，如定性、定量，正面、负面，主观、客观，直接、间接，概率、概率、可能性。可想而知，在这些前提条件下，把一个风险搞明白有多难。笔者十几年前研究风险、驱动因素、分类框架时就感受到了，复杂的交错关系真的如同一个风险管理宇宙，又像人类大脑的神经网络，也许今天具备AI自我进化的智能工具才能分析出个一二。

在一线实践的各位同人可能会问，定义重要吗？我天天干活并没有感觉和定义有什么关系。当然重要！如果你觉得不重要，只能说明你的思考和接触的工作还没到那个高度。思想决定行动，认知决定结果，现在很多人在工作中有迷惑，都是不了解根在哪里的问题，根不正则干必歪！

以上这些，从另外一个角度说明，风险管理绝不能仅仅停留在“术”的层面，这也是为什么COSO将风险管理定义为一个“文化、能力和实践”。ISO和COSO对于风险的认识还在继续发展，这是一个实践的过程。

第 4 篇　风险管理与企业管理不是“两张皮”

——ISO 31000：2018 风险管理指南系列解读（二）

本篇我们分析解读第 4 部分：风险管理的原则（如图 3. 4. 1 所示）。更新版将原来的 11 个原则精简为 8 个，我们先把第 4 部分的 8 个原则进行介绍，然后再重点解释几个点。

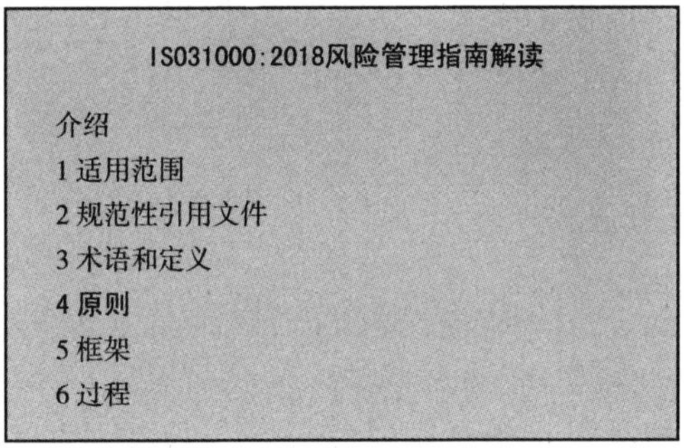

ISO31000:2018风险管理指南解读

介绍
1 适用范围
2 规范性引用文件
3 术语和定义
4 原则
5 框架
6 过程

图 3. 4. 1　ISO 31000：2008 目录（2）

一、内容概要

部分原文内容如下。

4. 原则

风险管理的目的是创造和保护价值。它提升了绩效，鼓励创新并支持目标实现。

图 2 中描述的原则展示了风险管理工作的价值和宗旨，指出了有效和高

效的风险管理工作的特点。这些原则是管理风险的基础，组织应在建立风险管理框架和流程时予以考虑。组织可以使用这些原则来管理不确定性对其目标的影响。

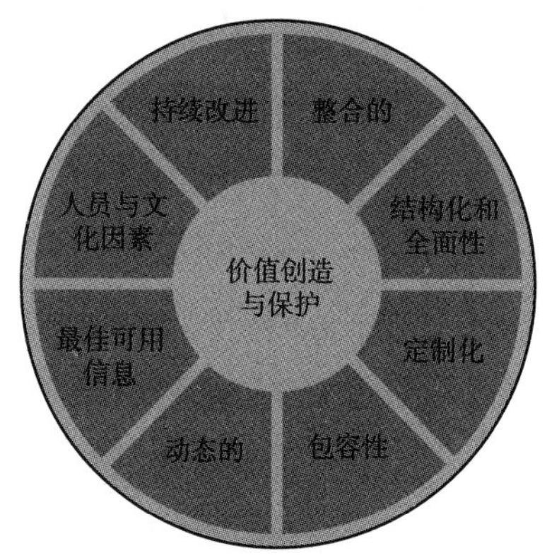

图2 –原则

有效的风险管理包含了图2中的要素，可以进一步解释如下。

a）整合的

风险管理是组织所有活动的组成部分。

b）结构化和全面性

风险管理的结构化和全面性有助于获得一致的和可比较的结果。

c）定制化

风险管理框架和流程是根据组织与其目标的外部和内部背景来制定的，并与其密切相关。

d）包容性

需要考虑利益相关方的适当和及时参与，融入他们的知识、观点和看法。这可以使相关方提高对风险管理的认识和了解其动态。

e）动态的

随着组织内部和外部环境的变化，风险可能会出现、变化或消失。风险管理会以适当和及时的方式预测、监控、掌握和响应这些变化和事件。

f）最佳可用信息

风险管理的输入是基于历史和当前的信息以及未来预期。风险管理应明确考虑到与这些信息和期望相关的任何限制和不确定性。信息应及时、清晰地提供给相关的利益相关方。

g) 人员与文化因素

人员行为和文化明显影响着风险管理在不同层面和阶段的各个方面。

h) 持续改进

通过学习和经验积累，不断提高风险管理水平。

二、重点拾遗

(一) 整合与“两张皮”

原则开篇就点出了风险管理工作的第一原则：与组织所有活动的整合。笔者在 COSO 新版框架征求意见稿的“协调一致（aligning）”改为“整合”，曾解读过关于“整合（integrating）”的具体意义。从图 3.4.2 的比较，我们可以大体理解一下所谓整合的意义。

图 3.4.2 整合的意义比较

说到“整合”的定位，笔者感觉虽然有进步，但是还不算是最佳状态。

中国企业前些年进行风险管理体系的建设，碰上的较大的问题就是关于“风险管理体系”和“企业管理体系”相互融合的问题，有不少企业出现“两张皮”，风险管理体系与原体系没有实现实质性的互动，导致将风险管理体系建设搞成了“一次运动”，运动完了就束之高阁。

我们能怪企业不重视吗？企业开始很重视，劲头也很足，但前些年在这项工作摸索的初期，对其定位和工作方式还没有形成最佳实践。容易搞成

“形式主义”，为了内容搞出了形式，但是形式不恰当反而丢失了内容，有点舍本求末。

因此，ISO 31000的原则一上来就谈整合，表明风险管理不是一项独立于其他管理和业务活动的工作，而是组织所有活动的组成部分。这和COSO定义的一种“文化、能力和实践”有点类似，因为文化、能力和实践也是内嵌于组织的所有活动的。面对过去的这些经验，今天，很多企业在反思，特别是前些年进行过全面风险管理体系建设的那些企业，也在摸索前行。也有不少企业在探索中产生了风险管理和企业管理良性互动的实践和经验。ISO和COSO这次文件的更新，必将带给中国企业新的思考，如何更好地实现整合风险管理。近期也有很多企业在询问，我们后面会专门推出一篇深度文章，论述如何更好地定位和发挥企业风险管理职能，敬请关注。

（二）打造独具特色的风险管理体系

最开始起草ISO 31000的时候，委员会主席凯文·奈特先生就一直强调，每个企业的风险管理都有其独特性，无法统一进行要求和形成最佳标准，这也是为什么ISO 31000的标准是一个指南级，而不是像ISO 9000那样是要求级别。

尽管风险管理工作可以形成原则、方针、政策和一些通用的要素，但由于每个企业的情况不同，管理风险的方式也会各不一样，不能简单地和模式化地来评价一个企业风险管理能力好或不好。企业要按照风险管理的一般原则打造和形成自己独具特色的风险管理体系来管理组织风险。

（三）重视人文因素的影响

企业的管理体系包括风险管理体系能否起作用，一方面要强调体系自身的建设是否完备和实用，运行效果是否良好。但是，由于制度体系中有很多时候涉及风险、效率、成本、收益之间的平衡，只能选择一个符合各利益相关方风险偏好和风险承受度的恰当方式来体现。业内的人可能知道一个“零风险谬误”的说法，就是风险降低到一定程度，再降低风险的边际效应会递减，我们不能一味地追求零风险，而忽视风险和收益的平衡。

这就决定了管理体系只能够尽可能完善，但不可能十全十美、万无一失。企业想要提高对风险的管理能力，必须软硬两手抓，两手都要硬。硬的是企业制度流程，软的是企业文化、人员的道德价值观等要素，这样才能形成一个企业各方不能犯错、不会犯错也不想犯错的整体氛围。其中不想犯错是发挥了各方的主观能动性，是更高级别的风险防范方式，也是管理灰色地带的有效手段。因为制度流程建立得再完善，也不可能一点漏洞没有，这个时候正是“软性”手段发挥效果的时候。只有最高管理层带头和宣导形成积极的企业风险文化，提升全员的风险意识、综合能力、素质素养，才能和制度流程的遵循相得益彰、互为表里，让企业的风险防线变得有灵有体，有骨有肉！

第5篇　领导层的重视是前提

——ISO 31000：2018 风险管理指南系列解读（三）

本篇我们介绍第5部分，风险管理的框架（如图3.5.1所示）。我们同样先介绍第5部分的重点内容，然后再重点解释几个点。

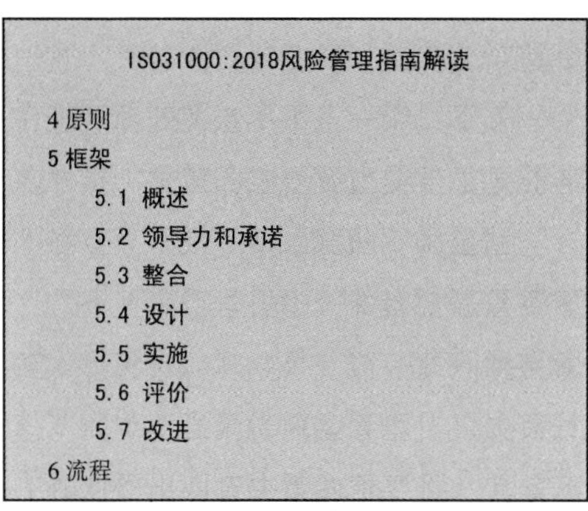

图3.5.1　ISO 31000：2008 目录（3）

一、内容概要

部分原文内容如下。

5　框架

5.1 概述

风险管理框架的目的是协助组织将风险管理纳入重要的活动和职能。风险管理的有效性取决于是否将其纳入组织治理和决策中。这需要利益相关方，特别是最高管理层的支持。

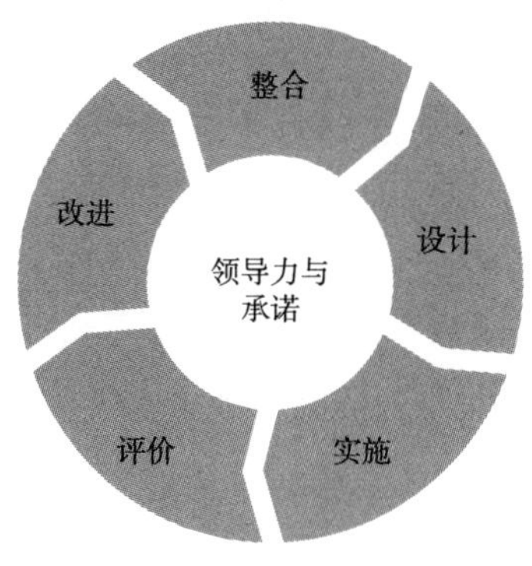

图3 –框架

5.2 领导力和承诺

在适当的情况下，高级管理层和监督机构应确保风险管理融入组织所有活动，最高管理层负责管理风险，而监督机构负责监督风险管理。

5.3 整合

整合风险管理依赖于对组织架构和环境的理解。架构因组织的目的、目标和复杂程度而异。组织架构中的每个部分都需要进行风险管理。组织中的每个人都有责任管理风险。

将风险管理整合到组织中是一个动态和反复优化的过程，应该根据组织的需求和文化进行定制。风险管理应该成为组织目的、治理、领导力和承诺、战略、目标和运营的一部分，而不是相互分离。

5.4 设计

5.4.1 了解组织及其环境

在设计风险管理框架时，组织应该检视并理解其内部和外部环境。

5.4.2 明确风险管理承诺

在适当情况下，高级管理层和监督机构应通过政策、声明或其他形式清楚地表达组织的目标和对风险管理的承诺，展示并阐明其对风险管理的持续承诺。

组织对风险管理的承诺应在适当时传达给内部和利益相关方。

5.4.3 分配组织角色、权限、职责

在适当情况下，高级管理层和监督机构应确保在组织各级分配和传达有关风险管理的权限和职责，并应：

- 强调风险管理是核心责任；
- 确定具有管理风险职责和权限的个人（风险责任人）。

5.4.4 分配资源

在适当的情况下，高级管理层和监督机构应确保为风险管理分配适当资源，其中可包括但不限于：

- 人员、技能、经验和能力；
- 组织用于风险管理的流程、方法和工具；
- 记录过程和程序；
- 信息和知识管理系统；
- 专业发展和培训需求；
- 组织应考虑现有资源的能力和局限。

5.4.5 建立沟通和咨询

为支持框架和促进风险管理的有效应用，组织应建立一个经过批准的沟通和咨询方法。沟通涉及与目标受众共享信息。咨询包括参与者期望对决策或其他活动作出贡献，以便更好决策的反馈信息。沟通和咨询方法和内容应反映相关利益方的期望。

沟通和咨询应该及时进行，确保收集、整理、汇总和分享相关信息，提供反馈意见并改进。

5.5 实施

组织应通过以下方式实施风险管理框架：

- 制定适当的计划，包括时间表和资源配置；
- 在整个组织内，确定在什么地点、什么时间、由谁来进行不同类型的决策；
- 在必要时，调整适用的决策程序；
- 确保组织的风险管理安排得到清晰的理解和实施。

框架的成功实施需要利益相关方的参与和了解。这使组织能够明确地应对决策中的不确定性，同时确保在出现任何新的不确定性时可以将其考虑在内。

通过正确地设计和实施风险管理框架，可以确保风险管理流程是整个组织所有活动（包括决策）的一部分，并将充分反映内外部环境的变化。

5.6 评价

为了评估风险管理框架的有效性，组织应该：

– 根据其目的、实施计划、指标和预期行为定期衡量风险管理框架的绩效；

– 确定它是否仍然适合支撑组织目标的实现。

5.7 改进

5.7.1 适应性

组织应持续监控和调整风险管理框架，以适应内外部的变化。这样做，组织可以提升其价值。

5.7.2 不断改进

组织应不断改善风险管理框架的适用性、充分性和有效性，以及风险管理流程的整合方式。

如果已经确定了差距或改进的机会，组织应制订计划和任务，并将其分配给负责实施的人员。这些改进措施一旦实施，将有助于加强风险管理的作用。

二、重点拾遗

（一）领导重视是第一要务

新版风险管理标准的框架部分，核心为领导力和承诺，首先明确了推动风险管理工作的责任方是最高管理层，而且列出了领导层的职责和承诺包括哪些内容，具体如下。

- 领导层的职责

- 针对性地设计和实施框架的所有要素；
- 发布建立风险管理方法、计划或行动方案的声明或政策；
- 确保为管理风险分配必要的资源；
- 在组织内的相应级别分配权限和职责。

- 领导层的承诺

- 组织管理风险的目的以及与其目标和政策的联系；
- 加强将风险管理理念纳入组织整体文化的需要；
- 带领风险管理整合到核心业务活动和决策中；
- 权限、职责；
- 保证必要资源的充足性；
- 处理相互冲突的目标；
- 组织绩效指标衡量和报告；
- 审查和改进。

另外，框架中列示了监督机构的职责，我们看了一下监督机构的职责内容，内容和国际内部审计协会（IIA）定义的审计职能在风险管理中的职责非常相似。可以判断这些职责其实是给“内部审计”机构使用的职责，也就是说我们可以将其认定为对企业“第三道防线”的职责：

- 确保组织在确定组织目标时充分考虑风险；
- 了解组织追求目标所面临的风险；
- 确保管理风险的体系得到有效实施和运行；
- 确保组织在当前的目标下承担了适当的风险；
- 确保有关这些风险及其管理的信息得到适当传达。

（二）风险管理与治理和决策的关系

ISO 在文件中强调了风险管理生效的标准：是否将风险管理纳入组织治理和决策过程。

因此，想要让风险管理产生效果，形式上要在组织治理层面考虑风险管理，内容上要支持组织的各类决策行为。

- 那什么是治理?

COSO 新版风险管理框架的表述是：通常来讲，治理指的是利益相关方、董事会、管理层之间在角色、授权、职责的分配。

ISO 31000 没有给出治理的定义，但指出了治理为组织如何处理内外部关系，设置规则、流程和实践以实现其目的提供了指引。阐述了利用治理和公司架构，来驱动战略和经营目标的实现。

在治理层面考虑风险管理，就是指在最高管理层确定公司治理结构和架构时，将风险管理考虑在内，这是其不可分割的一部分。

- 如何支持决策?

前面通过对 ISO 31000 进行全文介绍，笔者总结了几个较明显的变化，其中有一条就是支持决策为核心。

为什么强调支持决策？如何科学地决策也是一个专门的学科，这门学科的研究历史不比风险管理短，而衡量风险和收益几乎是所有决策过程的必备一环。为什么需要决策，是因为需要做选择，没有选择就没有必要做决策。有选择就表明选项不止一个，不止一个就涉及权衡利弊。从决策的选择和实施来讲，决策的选择要比实施重要得多，这是方向问题，和实施过程面临的不确定性不是一个维度的不确定性。

企业运行过程中，关键就是需要不时地作出不同层面的决策行为，来决定发展的方向和结果，这一系列的决策可以说是企业最具有含金量的一组活动。而 ISO 强调将风险管理作为决策过程中的一分子，也是凸显了风险管理工作对作出明智决策的重要性。其实不管 ISO 是否强调，风险管理作为决策的一部分，这也是普遍做法。我们看到很多研究和学术机构将风险管理研究作为科学决策学科的一部分，如沃顿商学院的风险管理研究就在其决策过程研究院。

（三）整合要求引领框架

笔者在第一篇的全文解读中，也提到了 ISO 此次重点强调“整合”的重要性，在原则和框架中两次提到了整合，而且在框架中不惜打破原有的 PDCA 框架，加了一个整合的框架要素作为首要内容。

- 整合什么？

ISO 指出，风险管理框架的目的是协助组织将风险管理纳入重要的活动和职能，组织架构中的每个部分都需要进行风险管理。组织中的每个人都有责任管理风险。

风险管理应该成为组织目的、治理、领导力，以及承诺、战略、目标和运营的一部分，而不是相互分离。

整合的意思就是希望明确，在企业中，横到边、纵到底，都不能忘了风险管理，它是你们的一个组成部分。

关于“整合”的含义，COSO 和 ISO 都大书特书，到底这个定位准不准，是不是恰当，第四部分我们会专门整理一篇来论述，看一看全球风险管理专家们“整合风险管理”的苦恼、疑问、彷徨的根源在哪里！

第6篇　风险管理基本流程具有普适性

——ISO 31000：2018 风险管理指南系列解读（四）

本篇我们介绍 ISO 31000：2018 风险管理指南的最后一部分：风险管理过程（有些标准中也翻译成“流程”或“程序”，其实对应的都是一个词“process”）。ISO 风险管理流程这部分内容在整个篇幅内占比最大，其实内容部分完全可以拆分成几篇文章来解读，因为包含的要素太多。

可能有时大家会觉得标准的解读比较枯燥，感觉和实际工作联系不紧密，其实不然，一些原则上的方向如果把握不好，可能让你在工作中事倍功半。因此，我们还是愿意费一些时间和精力来整理、翻译和反复打磨，给大家把最基础的知识打牢！

我们同样先介绍第6部分的重点内容（如图3.6.1所示），然后再重点解释几个点。

ISO31000:2018风险管理指南解读

4 原则
5 框架
6 过程
　6.1 概述
　6.2 沟通和咨询
　6.3 范围、环境和准则
　6.4 风险评估
　6.5 风险应对
　6.6 监督和审查
　6.7 记录和报告

图3.6.1　ISO 31000：2008 目录（4）

一、内容概要

部分原文内容如下。

6. 过程

6.1 概述

风险管理流程涉及系统地将政策、程序和实践应用于沟通和咨询活动，建立环境和评估、应对、监督、审查、记录和报告风险。这个流程如图4所示。

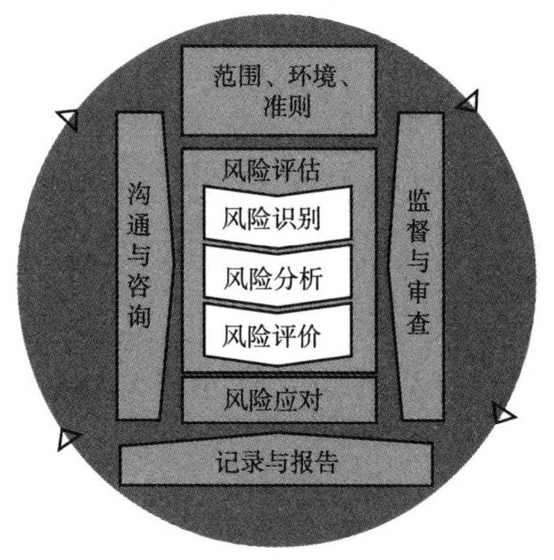

图4 –过程

风险管理过程应成为管理和决策的一个组成部分，并融入组织的架构、运营和流程中。它可以应用于战略、运营、计划或项目层面。

组织内部可以有很多风险管理过程的应用方式，这些应用方式是为实现目标而定制的，并适用于其所在的内外部环境。

在整个风险管理过程中，应考虑人员行为和文化因素的动态性和变化性。

虽然风险管理过程通常表现为有一定的顺序，但实际上不同过程步骤之间是可以反复交错使用的。

6.2 沟通和咨询

沟通和咨询的目的是协助利益相关方理解风险、明确作出决策的依据以及需要采取特定行动的原因。沟通旨在促进对风险的认识和理解，而咨询涉及获取反馈和信息以支持决策。两者之间的密切协调应该促进真实、及时、相关、准确和可理解的信息交换，同时需要考虑信息的保密性和完整性，以及个人的隐私权。

6.3 范围、环境和准则

6.3.1 概述

确定范围、环境和准则的目的是针对性地设置风险管理流程，实现有效的风险评估和恰当的风险应对。范围、环境和准则涉及界定流程的范围并理解内外部环境。

6.3.2 定义范围

组织应该确定其风险管理活动的范围。

6.3.3 外部和内部环境

外部和内部环境是组织制定和实现其目标的土壤。

6.3.4 定义风险准则

相对于目标而言，组织应该明确承担风险的数量和类型。还应该定义评估风险重要性水平和支持决策过程的准则。风险准则应与风险管理框架相一致，并根据具体活动的目的和范围进行针对性设计。风险准则还应反映组织的价值观、目标和资源，并与风险管理的政策和声明保持一致。根据组织的义务和利益相关方的考虑来定义准则。

6.4 风险评估

6.4.1 概述

风险评估是风险识别、风险分析和风险评价的整个过程。

6.4.2 风险识别

风险识别的目的是发现、识别和描述可能有助于或妨碍组织实现目标的风险。相关的、适当的和最新的信息对于识别风险很重要。

6.4.3 风险分析

风险分析的目的是理解包括风险水平在内的风险性质和特征。风险分析涉及对不确定性、风险源、后果、可能性、事件、情景、控制及其有效性的详细考虑。事件可能有多种原因和后果，并可能影响多个目标。

6.4.4 风险评价

风险评价的目的是支持决策。风险评价涉及将风险分析的结果与既定的风险准则进行比较，以确定需要采取何种应对措施。这可能会决定：

– 不需要做任何事情；

– 考虑风险应对的不同选项；

– 进一步分析以更好地理解风险；

– 保持现有的控制；

– 重新考虑目标。

6.5 风险应对

6.5.1 概述

风险应对的目的是选择和实施应对风险的方式。

风险应对涉及以下反复优化过程：

– 制定和选择风险应对方案；

– 计划和实施风险应对方案；

– 评估应对的有效性；

– 确定剩余风险是否可接受；

– 如果不能接受，采取进一步应对。

6.5.2 选择风险应对方案

选择最合适的风险应对方案，涉及为实现目标实施此方案带来的潜在收益，与实施成本或由此带来的不利因素之间的权衡。

选择风险应对的理由，不仅要单纯地考虑成本，而且应该考虑组织的所有义务，自愿承诺和利益相关方的观点。风险应对备选方案的选择应根据组织的目标、风险准则和可用资源来进行。

6.5.3 准备和实施风险应对计划

风险应对计划的目的是明确选择如何实施应对方案，从而让相关人员了解安排情况，并对照计划进行监测。应对计划应明确确定实施风险应对方案的顺序。

应对计划应与适当的利益相关方咨询，并纳入组织的管理计划和流程。

6.6 监督和审查

监督和审查的目的是保证和提升流程设计、实施和结果的质量和有效性。

在最开始规划风险管理流程时，应该将持续监督和定期审查作为其中的一部分内容，明确界定其职责。

6.7 记录和报告

应考虑有关创建、保存和处理记录信息的决策，包括但不限于：使用信息的敏感性以及内外部环境。

报告是组织治理的一个组成部分，应提高与利益相关方的沟通质量，并支持高级管理层和监督机构履行其职责。

二、重点拾遗

（一）风险管理、内部控制流程与业务流程的区别

前些年在协助企业开展风险管理和内部控制体系建设项目时，有些领导还没有搞清楚业务流程和风险管理流程之间的关联性，所以有很多理解上的偏差。甚至有些企业的负责人希望将风险管理流程和内部控制流程当作优化后的业务流程，希望借助风险管理和内部控制项目重新建立企业管理制度流程体系。

这些年推行的各种管理体系，如质量管理、全面风险管理、内部控制等，有的企业为了符合这些外部要求，盲目地一味追求满足要求，而忽视了管理体系本来的宗旨。笔者反复强调，企业管理体系是企业长期运行以来日积月累形成的，是企业的命根子，这个体系不能随便被变革和推倒重来，也不能随着监管层、管理层的重心变化而变化。对于外来要求，管理体系只能是兵来将挡、水来土掩，以不变应万变，要不然就是舍本逐末了。

企业管理体系的目标是优化运营、控制风险、提高效率、瞄准市场，更好地为客户提供价值而存在。而不能因为满足一个监管命令动不动就动根基。管理体系的重塑是要伤筋动骨的，是只有在企业生死存亡和面对重大变革时才会做的大手术，而且有失败风险。

风险管理流程和内控流程并不能代替业务流程，它们是从业务流程中抽离出的主要风险点和控制点组成的，远达不到业务要求的操作细度。它的作

用是从风险和控制的角度对现有流程提出改进建议，以更好地完善企业管理体系。

（二）沟通和咨询的重要性

从风险管理框架的设计阶段到风险管理流程的起始，ISO 31000 始终强调沟通和咨询的重要性，特别是和利益相关方的沟通和咨询，这些都是风险管理工作开展的基础，这些利益相关方的诉求对设计整个风险管理框架和制定风险管理范围、评估标准都具有参考意义。而且在整个风险管理流程中，都要保持一定的沟通和咨询。

（三）对风险管理流程的认识有助于厘清风险管理和内部控制的关系

说清楚风险管理流程这个问题，也有利于解决前些年专家们争论的关于风险管理和内部控制谁包含谁的问题。

前些年在专家界，对于风险管理和内部控制两套理论谁包含谁是有争论的，传统的内部控制从业者认为，内部控制包含风险管理，而且前几年持这种观点的专家不在少数。而风险管理从业者将内部控制看作是风险管理的应对手段之一，因为内部控制不能解决所有的风险，所以认为风险管理应该包含内部控制。

近几年，随着大家对风险管理体系了解，逐渐认可了风险管理包含内部控制的说法。从 COSO 的权威文件上，也是一直在强调，风险管理的范围要比内部控制大，内部控制是风险管理工作的组成部分，风险管理包含内部控制，但是风险管理不能代替内部控制。这一块背后的故事太多，这里不展开。

为什么有些专家认为内部控制包含风险管理呢？因为在传统的内部控制工作中，也包含了风险管理（评估）流程，也需要对风险进行识别、分析、评估、应对等。所以包含这些流程和步骤，专家们由此得出内部控制包含风险管理的结论。

其实，今天我们看到的风险识别、分析、评估这个风险管理流程，它既是一个工作操作步骤，也是一个普适性的思维过程。就像我们熟悉的质量体系中的戴明圆环 PDCA 框架一样，我们不能说只要包含了 PDCA 就包含了质量体系，显然不成立。从我们大量对 COSO 和 ISO 风险管理文件的解读内容上来看，除了风险管理（评估）流程，风险管理还包含了大量其他要素、原则和内容，所以不能说内部控制使用了风险管理（评估）的流程，就说内部控制包含了风险管理，这是一个误区，希望跟大家澄清一下。

第四部分

企业风险管理与内控理论实践与思考

第1篇　用PDCA来解构COSO和ISO最新风险管理框架

我们前面针对COSO委员会2017年9月发布的正式版《企业风险管理——与战略和绩效的整合》和ISO 2018年2月正式发布的《风险管理——指南》为大家进行了系统、全面的解读。其中也夹杂着过去这十几年来协助中国企业实施企业风险管理、内部控制、内部审计工作的理解和体会，希望可以让中国的从业者学习到最新、最前沿的风险管理理论发展成果，以指导未来的相关工作的实践。

在这个过程中，我们进行了大量的原文翻译，结合这些年的经验，也借此机会好好审视了一下这些框架背后的设计原理。

从两个国际影响力较大的风险管理文件来看，虽然COSO主要侧重企业，但是其最新版一直宣称适用于所有机构和组织；而ISO的风险管理指南，作为最开始就侧重设定一般性的原则和框架，广泛适用性是其一直以来坚持的原则，但由于营利性法人机构这个群体是全球价值创造的主力部队，因而在企业层面实践ISO风险管理标准而获得的经验也是非常丰富的。

最新版的两个文件中，提出了很多相似的论断和观点，最突出的几个共性方面包括：

（1）强调对主体价值的创造和保护；

（2）重视对支撑主体战略目标的达成；

（3）突出对支持决策、与其他业务的整合；

（4）加强领导层责任、企业风险文化的培育等方面。

其中，两个文件的框架可谓是集大成者，将其整个文件的设计思路和内容进行了高度的总结和提炼，我们再温习一下两个文件的框架（如图 4. 1. 1、图 4. 1. 2 所示）。

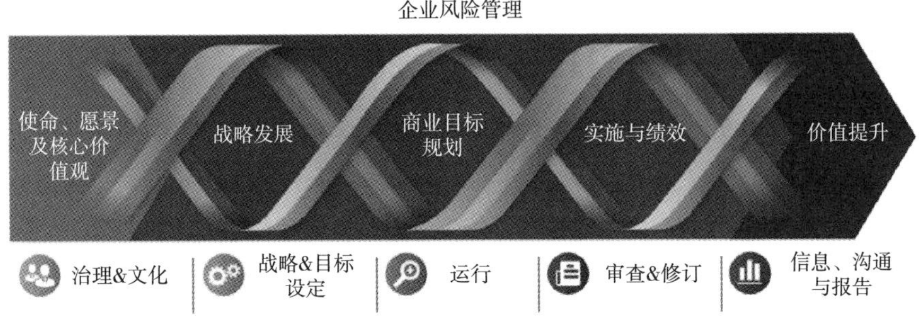

图 4. 1. 1　COSO ERM 2017 企业风险管理框架

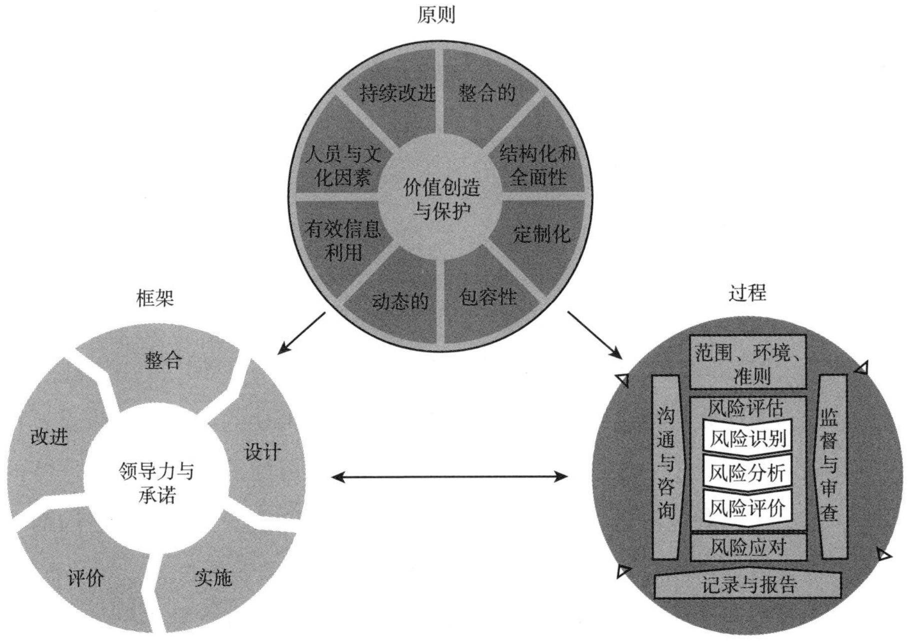

图 4. 1. 2　ISO 31000 2018 风险管理指南总体架构

一、什么是 PDCA

PDCA 最早应用于质量管理领域，是美国质量管理专家休哈特博士率先提出的，由戴明采纳、宣传，获得普及，因而又称戴明圆环。全面质量管理的思想基础和方法依据就是 PDCA 循环。PDCA 循环的含义是将质量管理分为四个阶段，即计划（plan）、执行（do）、检查（check）、调整（action，也有一种说法是 adjustment）。在质量管理工作中，要求把各项工作作出计划、计划实施、检查实施效果，然后将成功的纳入标准，不成功的留待下一循环去解决。这一工作方法，这是质量管理的基本方法，也是企业管理各项工作的一般规律。

虽然我们觉得这个过程很简单，现在看来也很好理解，就像我们上一篇文章解释“风险管理流程”一样，识别、分析、评价、改进，很简单，它不仅是一个风险管理流程，也是实施任何风险评估工作的普适性步骤，普适性的东西并不属于哪一个体系，只是我们在哪里应用得多、应用得广，被大家熟知而已。

PDCA 也一样，它其实也是一种普遍性思维的外现，不仅是质量管理和企业管理，难道我们每个人在系统分析问题和解决问题时不是按照这个步骤吗？但它最开始在质量领域被广泛推广和使用，因而一般我们都把其出处和质量管理挂钩。如果中国企业管理现代化发展得早，说不定管理界早就有人按照孔子和孙子的“三思而后行”“谋定而后动”“否定之否定”之类的思想，也开发出了一个 PDCA，那么就有可能叫“孔子圆环”了。

像我们比较熟悉的 ISO 9001 质量体系标准，采用的就是典型的 PDCA 模型。我们还可以发现，ISO 31000 最新框架中的核心领导力与承诺，就是从 ISO 9001 的 PDCA 模型中借鉴过来的，如图 4. 1. 3 所示。

二、用 PDCA 解构两个文件要素

了解了 PDCA 之后，我们可以看出，ISO 31000 和 COSO ERM 的框架其实也是一种 PDCA 模式在风险管理领域的表现形式，或者说 ISO 31000 和 COSO ERM 框架设计时也利用了 PDCA 思维。我们可以按照 PDCA 的格式，解构一下 ISO 31000 和 COSO 风险管理的框架，如图 4. 1. 3 和图 4. 1. 4 所示。

ISO31000 和 COSO ERM 的框架要素基本上都可以找到对应的点。对应完之后我们会发现，还有很多剩余的要素没有在 PDCA 的解构图上体现，我们

在下一部分内容再解释。

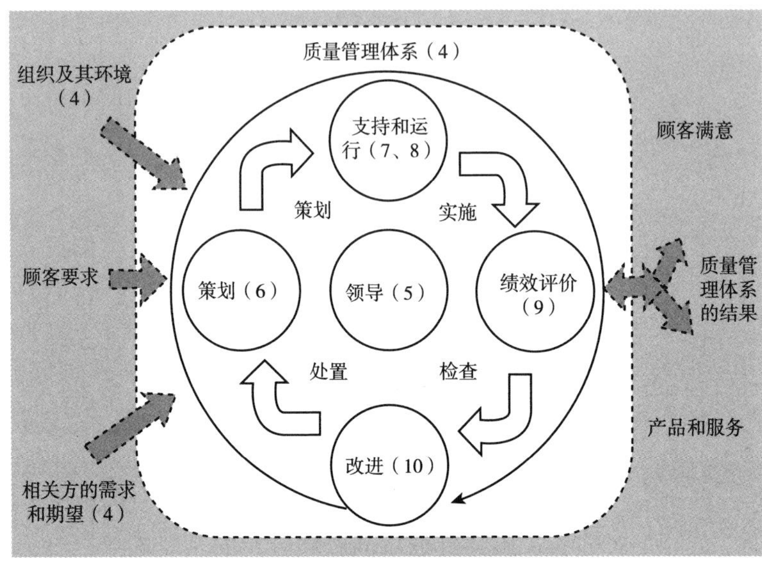

图 4.1.3　ISO 9001 质量管理体系 PDCA 模型

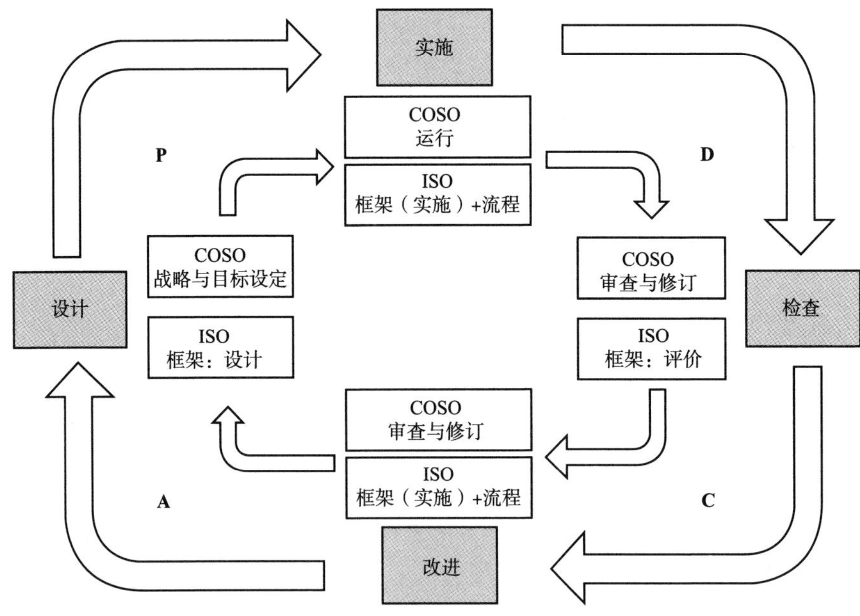

图 4.1.4　PDCA 和 ISO 31000、COSO ERM 风险管理框架要素对照

我们一直强调，风险管理的流程是识别、分析、评价、应对，是一个循环，所以有了再识别、再评价、持续评估的概念。现在 ISO 31000 最新版中对于风险管理流程的表述，也是用了反复优化这样的表述。笔者在翻译的时候将“iterative”这个词，没有采用直译的“迭代”，因为迭代在 IT 领域用得比较多，怕大家不好理解，所以采用的意译“反复优化”“持续优化”来表达。在 PDCA 中，也是强调这种持续优化的要求，而且有时是几个 PDCA 连在一起共同解决应对一个问题。

三、关于框架和流程

大家可以看到，在 ISO 31000 的整体架构中，有一个原则、一个框架加一个流程，而 COSO 的风险管控框架中只有一个独立的框架，为什么？难道 COSO 比 ISO 的内容少吗？

首先，两个文件采取的整体格式不太一样，ISO 31000 采取的是原则 + 框架 + 流程，而 COSO ERM 采取的是框架 + 要素 + 原则。但是 ISO 31000 的 8 项宏观原则和 COSO ERM 20 项具体原则还不是一个层面的东西。COSO 虽然没有单画一个风险管理基本流程，但是它的第 3 个绩效要素中，第 10 ~ 14 项原则描述的和 ISO 的流程步骤是一样的，也对风险管理基本流程进行了详细描述。

因此，对于风险管理工作来说，框架和流程可以看作是最标准的配置，ISO 31000 将其明确列示了，而 COSO ERM 将流程嵌在了框架中。同样，我们在 2006 年《中央企业全面风险管理指引》的设计中，也采取了框架 + 流程的描述方式，如图 4. 1. 5 所示。

我们只是看一下这个结构，对框架的设计内容，笔者不想过多解释，毕竟已经是十几年前的设计成果了，那时候对很多风险管理的概念还在摸索过程中。

但是，笔者一直在思考“框架 + 流程”的模式到底是不是一种最优的表达方式，所以在 2011 年接受河北省国资委邀请，设计河北省企业全面风险管理框架时，笔者尝试了另外一种方式，将风险管理框架和流程整合到了一个框架中来，因为这样更能体现一个整体及相互之间的关系。起草工作历时2年，文件最终在2013年作为《河北省监管企业全面风险管理实施办法》下发执行。现在，这个体系虽然看起来有很多需要补充完善的地方，但和最新的风险管理框架比起来，仍然有一定的借鉴意义，如图4.1.6所示。

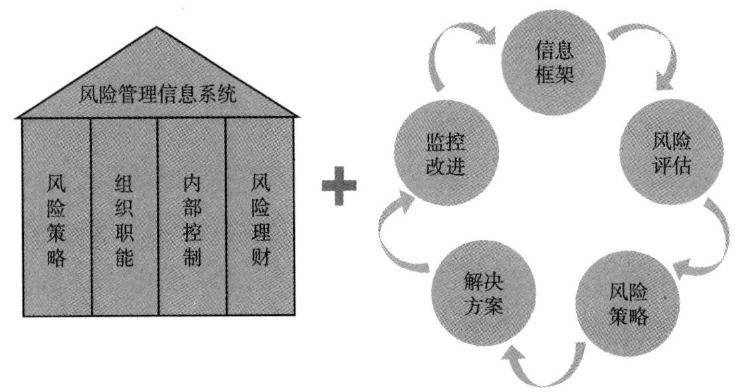

图4.1.5　《中央企业全面风险管理指引》风险管理框架+流程

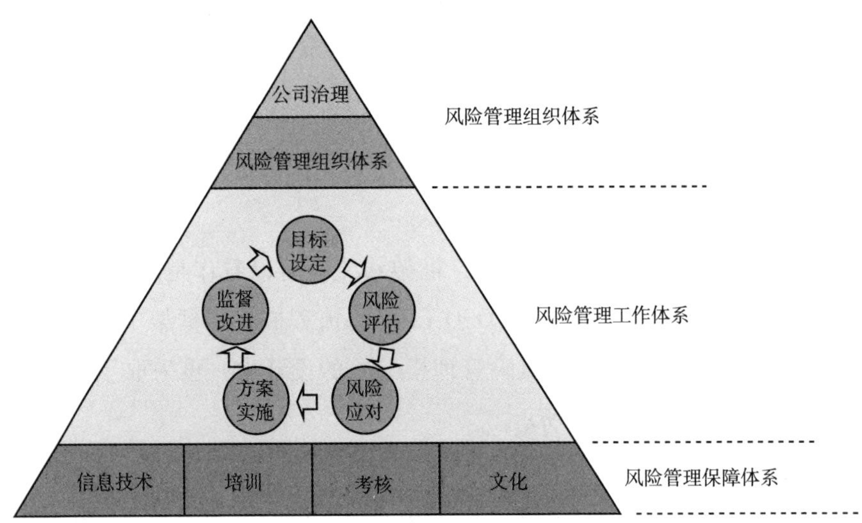

图4.1.6　河北省国有企业风险管理框架

我们翻出来这么多框架图，只是想让大家不要被框架的外表所迷惑，误认为这之间有巨大的差异。我们是想通过这些框架，带大家透过现象看本质，能够掌握和了解那些真正的风险管理要素和它们之间的逻辑关系。

第2篇 超越COSO和ISO，一文读懂风险管理和企业管理的整合

一、风险管理的由来

要真正说清楚“整合”这个词的准确含义，其实涉及对整个风险管理的出现、发展、体现方式进行重新梳理，这是一件工作量非常浩大的工程，我们只能从中提炼出一些点，以点带面，跟大家简略介绍一下。我们说，风险是一种研究不确定性的学问，正如彼得·伯恩斯坦在其著作《与天为敌》一书中提出的：人类认识风险的历史几乎与人类的文明一样久远。风险来自不确定性，当人类思考明天减少食物、温暖和保护的不确定性的时候，人类对风险的认知就已经开始了。人类作为一种高级生物通过发展“一种本能的和持续的驱动力来保护一个生物体免受存在的不确定性风险的影响”而存活下来。这种“基因表达”可以被解释为对风险认知的最根本驱动力。

笔者在前面的一些文章中也谈到过中国古人的风险管理观，中国人的思想里渗透出的风险理念随处可见。按照这个脉络梳理下去，无疑是在浩瀚的人类发展史中去寻找数之不尽的珍珠，超出了我们这里所讲的主题。我们还是将风险管理聚焦在企业这个领域的发展，可能对大家比较实用一些。

如果我们聚焦在企业风险管理这个领域，肯定离不开企业这个主体，那就要从17世纪大航海时代荷兰崛起出现的第一家股份企业开始，风险管理在企业管理领域的体现不过是400年的历史。再到18世纪大数定律的出现，可以让我们用概率的形式对风险进行评估和定价，随后追求海上运输风险共担的互助保险公司就出现了。19世纪是大型跨国企业开始形成的年代，也是企

业管理理论逐渐发展的开端，所以我们看到很多老牌的大型跨国企业都是拥有 150 年左右的时间，这些都是历史成因。中国有一家和跨国集团形成年代差不多的企业，也是笔者服务了好几年的客户，那就是坐落在唐山的开滦集团，始建于清末 1878 年，但是限于中国的特殊历史发展背景，其并没有发展成为全球化集团，而是在 100 多年后提出了海外再造一个开滦的口号。20 世纪是风险管理理论的探索发展期，从 1914 年，全球第一个风险管理协会成立，到 1921 年芝加哥大学著名经济学教授弗兰克·奈特著成《利润、风险和不确定性》，到 1955 年，沃顿商学院的施耐德教授提出“风险管理者”的概念，到 1992 年，全球第一位首席风险官诞生，再到 1995 年全球第一个风险管理国家标准出现。21 世纪初出现的一系列大型企业损失、倒闭事件将风险管理推进了每一个企业管理者的视角。

这个过程，是风险管理逐步在企业管理中显性化的过程，风险管理其实一直存在于企业管理中，只不过经过 100 多年的发展历史，使其从隐性逐渐显性、从散落逐渐集中、从简单的资产保护上升到价值保护、从一味地应用概率计量到综合衡量价值。我们过去很长一段时间用概率解释风险，其实是不恰当的，概率只是风险的表现形式，并不是风险的实质，这涉及对风险准确定义的问题，以后有机会细说。

二、随着风险管理在企业管理中的继续显性化，将成为现代企业管理的核心理念

在书写后面的 ISO 31000，论述 30 年的风险管理标准化之路时，笔者谈到了支撑风险管理历史发展的两个行业和两个领域，即金融与保险两个行业、财务和安全两个领域。金融和保险两个行业的本质就是风险买卖，风险管理就是其主业，所以这两个领域的风险管理和一般企业不同，从理论和工具方法都有区别，但是理念一致。而在财务和安全两个领域的发展，财务领域由会计控制到内部控制发展再到今天的风险管理，安全领域由纯粹的资产防灾防损到系统性的安全管理再到风险管理。

而两个行业和两个领域中，保险和安全紧密关联，金融和财务紧密关联，

这也体现了共同归属风险系的内部互通性。

今天的企业风险管理实现了从内部控制与安全管理的升级和蜕变，将引领21世纪一种新型的企业管理变革，成为现代企业管理体系的核心理念。中国的企业中，华为是真正地把这种理念落实到实际管理行动的公司。

为什么说是核心理念，因为和各个管理、业务活动的相对独立和各有侧重不同，其融于所有管理和业务活动之中，是成体系的管理要素。其余成体系的诸如质量管理，近年来也在重点强调以风险为导向的质量体系建设，对风险的管理是其本质。再如内部控制体系也具备成体系的管理要素性质，但是与风险管理体系不同之处在于内部控制的侧重点是针对管理的确定性进行控制，而风险管理是针对管理的不确定性进行管理，帮助企业把握不确定性，才能把握住管理的实质，才能更好地帮助企业创造和保护价值。

三、当下风险管理者应具备的知识体系

大数据、人工智能的发展使得企业管理面临变革的挑战，也为风险管理全面显性化提供了前提。为了可以符合风险管理发展的全面显性化，风险管理者也不能局限在原有的风险管理专业知识上，所谓今天形成的风险管理专业知识，不过是过去十几年特殊的发展阶段形成的，范围比较狭窄，只能就事论事地谈一些原则和理念。而在此之外，有多个领域的知识需要进一步扩展、整合和实践，例如：

（1）经典企业管理理论；

（2）企业愿景、使命与核心价值观的设立；

（3）战略管理与战略规划（strategic planning）；

（4）企业卓越绩效；

（5）目标管理理论；

（6）不确定性管理；

（7）机会（机遇）管理理论；

（8）公司治理；

（9）企业财务、内部控制、内部审计理论；

（10）各业务职能的经典管理理论。

这些年在空余时间对上述领域的论著皆有涉猎，第10部分根据从业者专注的领域会有所不同，很难齐备。有人说，风险管理什么都懂，岂不是成了全才。理想情况下确实需要，但部分从业者只要方向正确，掌握一部分应付现在的工作即绰绰有余。而且知识领域的跨界整合本身就是一种最好的不可代替性，在人工智能发展下，这种跨界人才是最容易形成核心竞争力的，如果人工智能的到来面临企业大规模裁员的话（其实已经开始），这种人才应该是相对安全的。

有人说，越研究越觉得风险管理高深，这种体会是对的，只有外行人才会觉得风险管理很简单、很肤浅，这些人就是学会了写一、二、三，就觉得自己按笔画推导就会写一万的人。

四、现在的“整合”与以往的“整合”含义早已大变

我们开始谈谈大家日常接触的风险管理理论和实践。今天我们谈到风险管理的“整合”，COSO最新版文件将其放到了题目上，正文也大书特书整合风险管理的重要性，而ISO 31000更是从原则的第一个内容就提“整合”，然后在框架中不惜打破PDCA的循环硬塞进去一个“整合”要素，用以强调整合对于风险管理的重要性。

其实之前的文件和标准里也谈到过“整合”，只不过没有这么突出，因为发现了后面好多企业搞得都不对，出现很多问题和疑惑，把风险管理定位得五花八门，所以2017年COSO的《企业风险管理框架》和2018年ISO发布的《风险管理——指南》都重笔强调风险管理要整合开展，不能独立进行。

口号喊了半天，只是提出了愿景，没有给出具体实施方案，连实施方向也没有清晰界定，只能停留在口号和原则阶段。为什么？不懂啊，这些起草专家也是人，也不一定具备今天要达到风险管理愿景的那些复合性知识。前一段时间，看见一个俄罗斯的专家在网上批评起草ISO 31000的这帮专家不够专业，背景不够令人信服，他确实陈述了部分事实。但即便这样我们也不能偏激，要客观地看、两面性地看、发展地看。

我们中国把这些权威文件翻译成中文版本学习借鉴，“整合”一词再一次考验了我们国内专家们的英文理解能力和专业能力。

现在谈到的“整合”一词最早出现于1992年COSO委员会发布的《企业内部控制——整合框架》（*Internal Control—Integrated Framework*），随后COSO在2004年发布了《企业风险管理——整合框架》（*Enterprise Risk Management—Integrated Framework*）。2009年，ISO发布第一版风险管理指南中，“整合”一词也被提及数次，2013年，COSO更新了1992年的内部控制框架，名称还是保持了“整合框架”的提法。

因此，在2017年COSO公布了更新版的企业风险管理新框架，将其命名为：*ERM-Integrating with Strategy and Performance*，在网络上，有些专家将其翻译为集成战略与绩效框架、整合战略与绩效框架等。表述为集成的，是一些完全没有背景知识的“砖家”；表述为整合的，是了解背景知识，但是没有真正搞透。

昔日，整合框架的“整合”，integrated是用动词过去分词形容词化，是一个形容词，作定语用，意为整合的框架，包括COSO后面的几种用法皆属此类。当时此提法是有特定历史原因的，原来的控制和风险是分散在企业管理的各个层面来管理的，并没有一个框架来整合和集中这些控制和风险信息，所以“整合”一词的真实含义是为了表述将风险或者控制整合到一个框架中来，这样就有了大家看到的《内部控制——整合框架》和《企业风险管理——整合框架》。

ISO在2009年提出的整合有所不同，它强调将风险管理整合到企业管理中去，所以提到的integrate都是作为动词来使用的。

2017年COSO的新框架中，用的是integrating这个词，用到的是其动名词格式。这次，“整合”绝非前期作为一个形容词的意思了，更重要的是，后面跟着两个大家伙——战略和绩效，再将其理解为“整合战略和绩效”是不合适的。第一，如果在这里整合作为一个形容词，那就成了整合的战略和绩效，这显然不是全文的主旨，全文并没有阐述任何关于将战略和绩效整合的意思；第二，如果整合这里作为一个动词，那就是表达企业风险管理如何去整合战略和绩效，这个理解更不恰当，让风险管理去整合战略和绩效，是一件极其自不量力的事。

因此，今天提到的整合，并不是前些年提的体系自身的整合，而是强调体系和现有管理体系的整合。虽然同是一词，但含义已大为不同。

我们之所以把这个词进行详细解释，是因为对这个词的理解不仅关系到一个题目问题，而且关系到整个体系的定位问题，如果定位出现了问题，那么在后面企业实践过程中会出现一系列的理解偏差、误解和疑问，造成资源浪费和重复建设。

五、企业风险管理到底如何定义，边界在哪里

那么今天我们如何准确定位企业管理和风险管理的关系，如何搞清楚风险管理和其他管理活动之间的关系，如果谈整合的话，到底是谁整合谁，如何整合？企业实践这些体系前，就应该准确理解和把握这些问题，这是方向和原则。

要把这个问题说明白，我们需要将风险管理分为两个层面来把握：一是将风险管理作为企业的一项管理活动来对待；二是将其作为一种意识和能力来对待。两者存在区别，但又相互支持、相互体现。风险管理作为一项管理活动做得好，有助于形成良好的意识和能力，而意识和能力培育得好，又反过来作用形成一项更好的管理实践。这样的现象如果从学哲学的人来看，是二元论、辩证法的表现；学物理学的人来看，是一种对称性的体现；学中医的人来看，是一种阴阳论的表征。如果风险管理作为一项管理活动来看，从范围上讲企业管理肯定包含了风险管理，风险管理只是企业管理活动其中的一项；而如果作为一种意识和能力，它又是无所不在的，谈不上企业管理和风险管理谁包含谁。

从职责上来讲，作为一项企业管理活动的风险管理主要由企业的风险管理职能来具体实施，而作为意识和能力，最佳的方式就是企业一把手和最高管理层来推动。所以我们谈到风险管理体系由一把手推动，风险管理职能实施是一个包含的意识和能力、管理与实践的综合动作。

今天COSO提出来风险管理是一个文化、能力和实践，笔者觉得这个提法很革命、很创新，很有参考价值。但是它没有清晰地将风险管理的不同表

现分开，所以在定义风险管理边界的时候出现了混乱。

虽然 ISO 和 COSO 可能基本都包含了两个方面的要素，但没有十分清晰地表述出来。意识和能力是隐性的，不太好讲，只能提原则和期望，所以我们看到 ISO 和 COSO 的文件里大部分的篇幅还是在谈如何指导风险管理作为一项管理活动来实施。尽管这样，仅就管理活动这个层面，企业管理和风险管理如何实现整合还是没有说清楚，导致大家看完文件后还是不知道到底该怎么具体操作。

六、ISO 和 COSO 没说明白的“整合”问题

我们来尝试讲明白风险管理和企业管理在具体实施层面的整合问题，上篇我们带着大家用 PDCA 解构了 ISO 和 COSO 的风险管理框架，其实，这个框架只是企业管理框架中的一个零件，从企业管理的全局角度，存在着一个更大的管理框架在支撑着企业发展和目标达成。方便起见，我们还是继续用 PDCA 的形式来表达吧，我们特意绘制图 4.2.1 来说明，让大家可以看得一目了然。

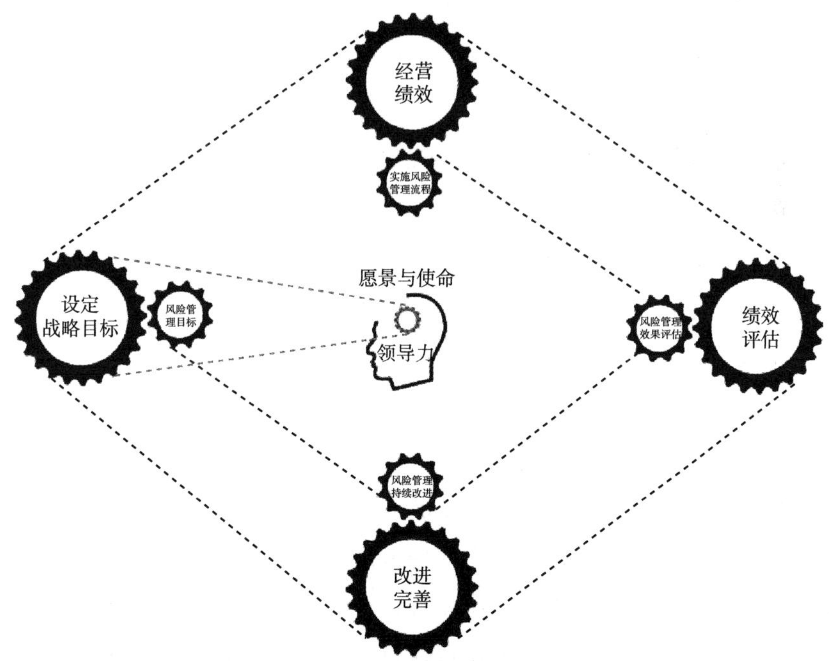

图 4.2.1　PDCA 结构风险管理框架

企业是在确定了企业愿景与使命的背景下，由最高级管理层将愿景和使命转化为可以付诸实施的战略规划，图4.2.1中的外圈表达的是企业管理活动的PDCA循环，而里面的小循环表示的是风险管理工作的PDCA循环，如果大家看了上篇给大家介绍的这个PDCA循环结构的文章，对此应该不会陌生。

ISO侧重表达的是风险管理活动小循序的内容，并没有介绍风险管理和企业管理的整合与接口的具体方式和内容，对外圈大的企业管理框架并没有太多的介绍内容。

COSO升级了2004年的企业风险管理框架后，有了非常显著的变化，它已经开始意识到并探索了风险管理和企业管理的整合方式，从2016年的征求意见版到2017年正式版的框架变化，把风险管理从管理体系外拉回管理体系内，已经开始觉悟了。

ISO和COSO没有清晰地表述出风险管理和企业管理的关系，可能是没弄明白，也可能是没表达明白。

风险管理活动的所有职责和工作内容必须在其被准确定义了之后，才能理顺一切相关逻辑，要不然两个体系混合在一起会含混不清、责任不明。在企业层面就会出现风险管理定位和职责不清晰，与业务部门出现相互摩擦和灰色地带，进而出现业务部门不支持风险管理工作的现象出现。

七、准确定位和工作范围

按照两个体系的关系图，我们来看看每一个步骤中根据管理活动的需要，风险管理需要具备和履行哪些职责。

管理活动：战略目标设定。

风险管理活动：风险管理目标设定，风险管理原则、政策、框架设计。

伴随着战略目标的设定，风险管理也需要对其目标进行设定，只不过当战略目标设定完成时，相应地，风险管理目标也已自动设置完成了。这是因为风险管理的目标其实已经暗含在战略目标中，企业发展战略的选择其实也表明了其对待风险的基本态度。按照战略目标的设定，梳理提炼出风险偏好信息，按照风险偏好信息再进一步明晰风险承受度。风险管理的目标即是在现有战略目标下，风险偏好不发生偏离及风险承受度不被突破。

在此基础上，明确风险管理原则，对整体风险管理政策和架构进行设计。

管理活动：实施经营计划，完成经营绩效。

风险管理活动：实施风险管理的基本流程。

在战略目标设定后，进入实施环节，即是实施按照战略规划分解的经营计划，完成经营绩效。在这个过程中，要按照最开始设定的目标、原则、框架开展风险管理工作，执行风险管理流程。

按照三道防线的理论，这部分风险管理工作包含两块内容，对应着第一道防线和第二道防线的职能。

第一部分是保证在业务部门作为第一道防线执行了风险管理流程，使风险管理工作融于业务中。

第二部分是风险管理职能部门（风控、内控、法律、合规、质量、安全等）作为第二道防线执行了一般的或专项的风险管理活动，并参与、协助第一道防线在业务中执行了风险管理流程。

管理活动：业绩评估。

风险管理活动：风险管理效果评估。

实施一段时期后（半年或一年），业务部门需要对业绩完成情况进行评估。而此时，第二道防线的风险管理职能和第三道防线的审计监督职能需要对这段时间实施风险管理流程的效果进行评估。

风险管理职能需要评估的是自身承担的风险管理活动和协助一线业务部门的业绩完成情况。

审计监督职能则是需要整体看业务部门和风险管理职能部门实施的整体风险管理活动的效率和效果。

管理活动：改进完善。

风险管理活动：风险管理持续改进。

根据绩效评估的结果，需要对执行过程中的一些不足之处进行改进完善。而对于风险管理活动，经过第三步的评估，也会对风险管理原则、政策、框架、流程的设计，以及在执行过程中三道防线各自存在的问题进行持续改进。

上面这四个步骤持续进行、反复优化，就是企业管理和风险管理以及风险管理中的不同防线执行各自的分工和活动内容，篇幅问题，就不细讲每一步的步骤和过程了，希望这样一个覆盖全局性的分析，可以让大家更好地理解企业管理和风险管理的“整合”实质。

八、致谢 COSO 和 ISO

虽然我们在题目中提出了超越 COSO 和 ISO 的口号，书中也提到了两个文件的某些不足，但金无足赤，瑕不掩瑜，我们并不否认两个文件对于全球企业风险管理领域的指导和引领作用，也非常感谢两个组织众多国际专家对此付出的努力，让我们站在一定的高度，在实践的过程中，对理论进行再反思。

第3篇　中国企业如何实施COSO新版风险管理框架的思考与建议

自2017年9月COSO公布新版企业风险管理框架以来，作为中国第一个拿到原版文件的人，笔者在第一时间跟大家用了十几篇文章的篇幅系统地对新版文件中的精要进行了解读，得到了国内各相关人士和企业界的支持和认可。

在此期间，针对新版的文件精神，我们也利用了不同的交流形式与专家及企业界在不停地交流和碰撞，以期可以尽快形成一定的实践经验。笔者也有幸受邀参加了几个中国大型企业集团对新版文件的研究课题和实施策划。在对COSO新版企业风险管理框架的学习和借鉴方面，应该说中国企业和全球一线国家是同步的，甚至可以说是领先的。

对于中国企业如此重视国际经验和理论的借鉴，我们应该感到欣慰，对管理理论的重视应该是企业发展到一定阶段所必须思考和重视的。我们研究近代美国的崛起发现，美国有三个法宝驱动了其崛起，分别是消费、创新和管理，20世纪萌芽并成熟的现代企业管理理论对巨无霸企业的出现和保持美国经济强势起到了至关重要的作用。因此，如果我们把企业管理比作企业的“软实力”，未来一段时间，不只是中国企业不断形成“硬实力”的阶段，也是企业持续发展补齐“软实力”的阶段，而成熟国家发展了百年的管理理论给我们提供了很好的借鉴，我们应该好好理解和借鉴。

一、新版风险管理框架实施准备

有很多企业界同人咨询，如果企业想要贯彻和实施新版企业风险管理框架，应该如何着手、如何规划、如何实施、应该包括哪些内容。面对大家的一系列问题，说实话，在目前没有形成大量商业实践的基础上，有些问题是没有标准答案的，侧重经验管理理论的管理大师德鲁克说：管理是一项实践。本次 COSO 文件将风险管理也定义为一项实践。因此，实践出真知，结合新版文件和中国企业实施风险管理的历史经验，给大家简单谈一谈个人的一些理解和建议，希望给大家一些启发，用来更好地指导企业的实践活动。

首先，因为大家对新框架和企业风险管理工作的理解深浅不一，经验也多少不同。如果希望可以更好地理解这次实践变革，需要对背景信息多一些了解，可以先浏览下“风险管理世界”公众号下方的内容分类精选文章，对 COSO 的文件解读和风险实践内容打打基础，让大家的认知可以尽量先统一到一个水平线上。

二、企业风险管理实现由“形”向“神”的转变

自 2006 年国务院国资委发布《中央企业全面风险管理指引》，中国企业率先从中央企业层面启动了风险管理体系建设工作。十几年过去了，如果我们把这个阶段叫作风险管理 1.0 时代的话，那这个时代的特点是什么呢？

2006 年发布《中央企业风险管理指引》时，可以说绝大多数中国企业还不知道全面风险管理是什么，如何在企业实施和落地。就像今天我们谈新版的风险管理框架要在企业如何实施一样。对于一项摸着石头过河的工作，在这个过程中，我们带着预先设计好的一套理论框架，其实是在和企业一起学习、一起实践。现在回过头来看，我们可以总结这个过程中的得失，就像我们看股票的历史 K 线图一样，总结过去是何等容易，但在当时的情境下，每向前一步踏入的都是无人之地。

在当时那个阶段，无数大型中央企业开始系统地接触到了“全面风险管理”这个全新的时髦词汇，对管理层来说最大的作用是提升了对风险的认知，通过一种形式可以让整个管理层在一个语言体系中阐述和思考风险的相关话题。按照我们当时对于风险管理体系的定义，落脚在企业要形成一套组织体系、流程体系和报告体系；体现在成果上要有风险清单、风险管理制度、

风险管理实施细则、风险管理手册等。不少企业还成立了专职的风险管理部，配置了风险管理专兼职人员。

但在企业风险管理1.0时代，我们也看到了需要进一步调整和完善的许多方面。我们为了突出风险管理作为一项企业管理的重要内容，用上面的这些“形”外显了风险管理在企业的表现方式。但是，对于一个新事物，如果大家对“神”的理解和定位还不清楚的话，“形”很容易只停留在形式上。庄子曰：有形无神谓之鬼。可见只有形式没有神附容易造成形式主义，为了形式而存在，工作过程出现很多说不清、道不明的现象就不奇怪了。

这种现象不只出现在中国，国际上企业风险管理系统理论的发展也是以COSO 2004年的第一版企业风险管理框架为里程碑，也是十几年的时间，这期间国际上也有许多企业对此感到迷惘，但由于管理基础好，也出现了一些优秀企业的成功案例，给大家提供参考。

2017年的新版风险管理框架，针对前些年企业界推行风险管理工作的迷思进行了分析总结，抛弃了2004年广受诟病的“大控制”框架，而重新设计了一个全新的风险管理框架，实现了风险管理工作由重“形”向现“神”方向的转变。

三、实施“六个一”工程，推动企业风险管理工作形神兼备

新框架作了如此巨大的改变，企业实施应该从哪些着手呢？通过对COSO的整篇文章的理解，笔者总结为“六个一”工程，以实现新框架的落地和达到风险管理工作在企业形神兼备的目标。

（一）重点培育一个风险文化

企业文化是由高层主导推动建立的，影响着企业中每一个人的思维和行为方式。此次COSO将风险管理定义，第一个体现放在了文化上，可见在企业层面打造一个具有充分风险意识的文化对于企业防范风险的重要性。

我们前几年讲，风险无时不在、风险无处不在；在风险面前，人人都是一道防火墙，这些都属于企业风险文化的范畴。这就要求企业的最高层领导

要通过各种方式向全体员工传递高层基调，增强全员风险意识和主动防范风险的责任感。企业的制度流程不可能没有缺陷和漏洞，因此，在风险面前，全员能增强主观能动性进行风险防范，是对制度流程缺陷和漏洞最好的补缺方式。

伟大的公司一般都有出众的风险意识，这一点我们从华为人的身上可以切实感受到，除了任正非强烈的危机意识外，华为高层和员工发自内心的风险和危机意识也是华为取得今天成就的因素之一。

（二）建立和增强一种应变能力

在内外部环境不确定性陡增的今天，应对变化的能力有时可以决定一个企业的成败。有一个来源于军事上的 VUCA 术语经常被定义为今天的商业环境，即是 volatility（易变性）、uncertainty（不确定性）、complexity（复杂性）、ambiguity（模糊性）的缩写。灰犀牛事件的频发也是环境突变的另一种体现。

因此，在当下企业建立应变的能力至关重要，应变既包含企业在面对内外部环境出现重大变化时的灵活应对，又包括出现重大突发事件的危机应对。例如，中兴的事件就是在这个上面跌了脚。在战略管理领域，由于经济环境的原因，全球企业界开始关注 1997 年美国经济学家和战略管理学家大卫·蒂斯（David J. Teece）提出的动态能力（dynamic capability）模型，与波特五力模型不同，动态能力模型更加关注根据内外部环境变化调整战略和资源匹配的能力。

对于应变能力的提升，中国企业界也应该重视和培养，这方面我们的发展更晚一些。

（三）达成一项三道防线的共识

企业风险管理工作，不是某一个部门和职能的工作，而是全体管理层和员工本身的职能所在。因此，COSO 开篇就澄清，风险管理工作不仅是一个部门和一项职能。我们现在看到的关于企业三道防线的理论，是各个业务部门作为一线承担最主要的风险防范职责，而风险、内控、合规、法务、审计等第二、第三道防线承担协助、支持、检查、监督、评审等风险管理职责。这样的一个共识需要在企业管理层和内部各个部门之间达成。不能将风险管理的责、权、利分离实施。

（四）形成一套嵌入式职责

企业应该定义各项风险管理工作的管理职责和边界，将其融入现有机构和岗位的职能中，成为一项“有法可依”的工作内容，这样才能达到责、权、利的统一。十年前笔者为一个大型国有企业实施风险管理体系建设的过程中，在连续服务的第三阶段，就开始和人力资源部对接，将所有岗位的岗位说明书重新修订，明确其现有岗位的风险管理职责，也就是现在谈到的一套嵌入式的职责体系。

（五）落实一项支持决策的机制

企业制定的发展和绩效目标，是由管理层作出的一系列决策行动来支撑和实现的。风险管理的最大价值就是要更好地支持决策，支持更好的决策，实现各个重大方面决策过程中地风险管理内容的融入。

这一点在以前的企业管理过程中是个薄弱环节，多数企业没有明确的规定，或者有规定但在操作细节上不完善，使得对于决策的风险控制仅仅靠决策层的判断和经验，导致风险上移，责任也跟着上移。如果决策层获取的信息不对称或对情况了解不深，只是做到了程序合法性，决策过程中就埋下了风险隐患，决策层可能会因此承担了连他自己都不清楚的风险，最后如果真出了事还要被追究决策层的责任，有冤也没处说理。

针对决策中风险信息的收集、分析、应对方案、备选方案、监控、实施评估、报告责任、权限划分应该制定明确可行的政策，切实保障风险管理支持决策的职能可以落地实施。

在笔者受邀为河北省国资委主笔起草的《河北省监管企业全面风险管理工作实施办法》中，第二十四条明确规定：根据企业情况，有针对性地对企业改制、重组、上市、合资合作经营、股权转让、并购、投资（设备、境外、项目、股权）、融资、非对等担保、大宗采购、大宗销售、新业务拓展等重大方面出具单独的风险评估报告，作为决策依据。

（六）打造一套绩效导向、涵盖控制的流程体系

企业在适当的阶段，一定要对管理体系进行再审视，特别要重视对于流程体系的建设，由于企业各个部门的设置相互独立，但大多数的业务事项都会涉及多个部门共同参与，所以流程体系是以业务线为基准，打破了部门的藩篱，很多风险都是由于在部门和部门之间的交界面会出问题，出现灰色和空白地带。通过设置流程的负责人制度，可以更好地防范风险。

另外，目前很多企业在流程的导向和流程控制方面并没有清晰的界定，导致有流程但方向感不强，甚至是错误导向；流程建立了但控制点没有覆盖也不行，也会导致流程目标无法达成，所以需要以绩效目标为导向，建立一套涵盖控制的企业管理运营流程体系。

上面通过对六个方面的阐述，涵盖了新版COSO风险管理框架的主要精神，也结合了以往风险管理工作出现的问题，希望可以对企业下一步实施形神兼备的风险管理工作有所启发。上面提到的这些工作，在具体推进中涉及的部门不止一个，体现的形式也不止一种，企业如何通过内部协同推进达到预期效果，各个企业情况不一，需要在实施前期和过程中进一步设计与思考。

第4篇　30年风险管理标准化之路，一文读透ISO 31000的前世今生

最大的风险是不承担任何风险，不承担风险也就失去了明天！

——ISO 31000风险管理委员会首任主席 凯文·奈特

了解过去，才能更好地理解现在和把握未来。2009年，ISO 31000风险管理标准的出台是全球业内专家数十年共同努力的结果。在这些专家中，离不开一位重量级灵魂人物的巨大贡献，他就是凯文·奈特先生。他曾在风险管理这条路上给过笔者多次指导，并给笔者分享了大量珍贵的一手学习材料和他的PPT教学资料。

本篇风险管理标准演变史的脉络就是在参考凯文先生提供素材的基础上整理形成的。

一、灵魂人物介绍

凯文·奈特先生因其在推动全球风险管理标准化方面所作出的卓越贡献，闻名于世。2008年，澳大利亚总理为其颁发了“服务于风险管理业研究和实践的特殊贡献者”。美国财政与风险杂志将凯文先生评为最具影响力的100人，以表彰其国际标准工作在金融界产生的深远影响。

早在1995年，他就代表澳大利亚/新西兰标准联合技术委员会制定了AS/NZS 4360风险管理标准，这是全球第一个国家层面的风险管理标准，后来成为了ISO 31000标准起草的主要参考文件。

凯文先生作为国际标准化组织风险管理技术委员会的第一任主席，带领

工作组制定了 ISO 31000：2009 风险管理——原则和指南，即 ISO 第一版风险管理标准。

可以说，凯文·奈特先生的一生都在致力于风险管理理念、技术和标准的研究、开发和推广。

二、风险管理标准的维形

全球第一个和风险相关的标准是 1991 年由挪威标准机构在奥斯陆发布的《风险分析要求》（*Krav til risikoanalyser*），虽然不是一个典型的风险管理标准，但可以看得出已经开始具备了一些风险管理的要素。

幸运的是，这个仅仅 14 页的标准采用的是挪威语和英语两种语言，这就大大提升了这个标准的传播范围和阅读人群，但后来标准的更新只有挪威语了，所以看懂的人很少。

其中文后有一张附图如图 4.4.1 所示。

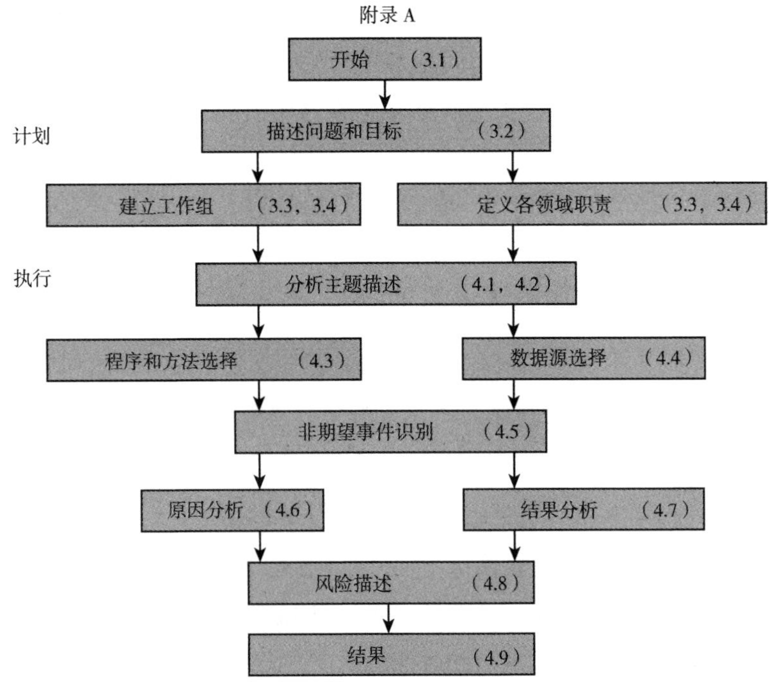

图 4.4.1 挪威《风险分析要求》框架

从图 4.4.1 中可以看出，当时一些要素到目前还仍然存在，只不过最开始描述的是问题和目标，现在取而代之的是风险和目标。

这个标准中强调了如何制定风险分析规划，以及风险分析在安全管理中的作用。

我们今天看到的企业风险管理，在历史上，其源头主要可以追溯到两个行业和两个管理领域：两个行业是金融与保险，两个领域是财务管理和安全管理，两两之间又有交叉。

国际上的专家包括凯文先生，习惯将这个 1991 年发布的风险分析的标准，作为一个起点，延续了到现在 30 多年的风险管理标准发展之路。

三、ISO 31000 出台前传

（一）第一份真正意义上的风险管理标准

澳大利亚/新西兰标准联合技术委员会经过三年的工作，在 1995 年发布了 AS/NZS 4360。由于 1995 年还没有大规模地普及电脑和电子文档，1995 年的这版标准在市面上并无任何电子版文件，凯文先生用相机拍摄了整个文档，并发送给笔者学习，对此笔者深表感激。

但这个标准发布后，有部分专家觉得这应该是一个适用于某一个行业的标准，如保险行业。美国的著名风险管理评论家菲利克斯·克曼在 1971 年 Best Review 发布论文称："如果破除不了风险管理就是保险的咒语，就不可能成为一名真正的风险管理者"，可见保险业和风险管理在过去的紧密联系。因此，技术委员会又专门召集会议澄清，坚决反对将此标准定义为只适用于某一行业的说法，而提出了风险管理一般流程的普遍适用性，不局限于任何行业和部门。

因为如果被定义为某一行业标准，那么风险管理必定会沦为一项工具和技术，而凯文先生宣扬的普遍适用性，正是将人们的视线从眼下聚焦风险管理技术进行了质的提升，将风险管理作为一种艺术、哲学、意识、文化层面进行认知，只有到这样的高度才会具有普适性。

2017 年，COSO 发布更新版的《企业风险管理——整合框架》，将风险管理定义更新为：

一种文化、能力和实践。

似乎到底是回到了这条路上来。

在 AS/NZS 4360 标准中，风险被定义为：将会对目标产生影响的事项发生可能性（The chance of something happening that will have an impact on objectives）。

在图 4.4.2 这个框架中，你能找到很多在目前 ISO 31000 中还存在的要素的雏形。

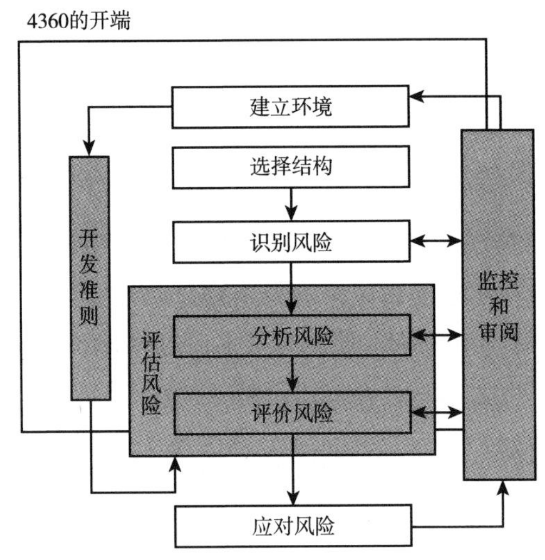

图 4.4.2　1995 年澳大利亚/新西兰国家《风险管理标准》框架

（二）各国的风险管理标准化行动

澳大利亚和新西兰国家风险管理标准发布后，在全球各国都引起了一定的关注，凯文先生在加拿大的朋友们开始着手制定加拿大的国家标准，并于 1997 年发布了 CAN/CSA - Q850 - 风险管理：决策者指南。不同的是，加拿大的风险管理专家们在其标准中强调了沟通和咨询的重要性，其框架如图 4.4.3 所示。

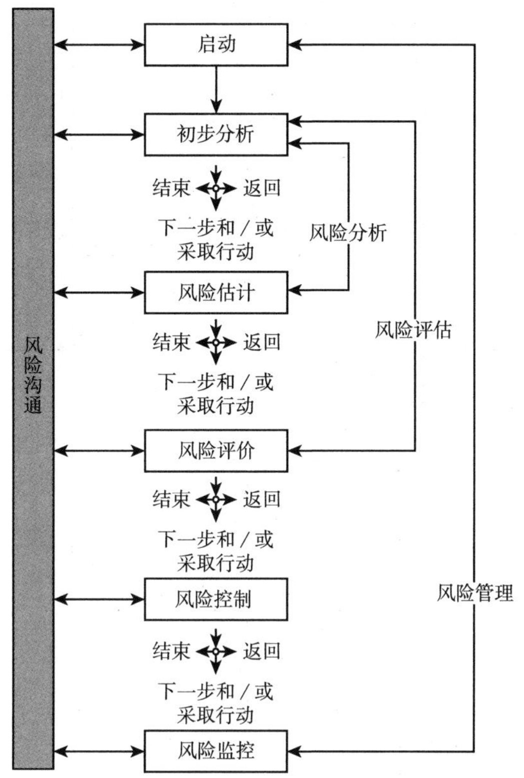

图 4.4.3 加拿大 CAN/CSA－Q850 风险管理框架

在这期间，1997 年，日本标准协会草案风险管理体系标准 *JIS/TR－Z0001*；1998 年，英格兰威尔士特许会计师事务发布了风险研究声明提案；1998 年，加拿大特许会计师公会发布《了解风险：选择，连接和能力文件》。1999 年，在这样的基础上，澳大利亚标准/新西兰标准联合技术委员会发布了 AS/NZS 标准的更新版，进一步细化了风险管理流程，并且借鉴了加拿大标准的内容，修订了如图 4.4.4 左臂的沟通和咨询要素。风险的定义仍沿用了上一版 1995 年的描述，风险评估仍然保持和第一版一样，不包含风险识别环节。

（三）ISO 31000 的前身

实际上，早在 1996 年 ISO 组织和国际电工委员会 IEC 曾组织过一个国际

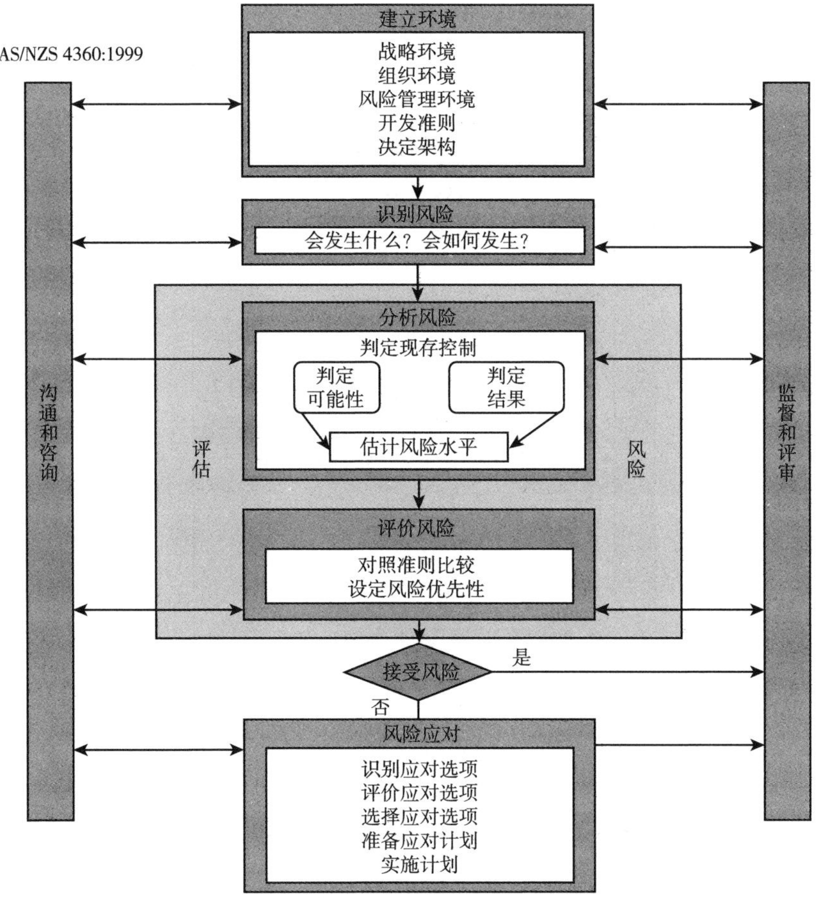

图 4.4.4 1999 年澳大利亚/新西兰国家《风险管理标准》框架

会议，讨论根据澳大利亚/新西兰的标准制定国际标准，但由于部分国家和组织考虑自身利益的原因，并未成型。但促使了 ISO/IEC 指南 ISO GUIDE 73：2002 风险管理—词汇的发布。

直到 2004 年，澳大利亚、新西兰和日本重新提出要求，希望 ISO 采取 AS/NZS 4360 作为国际标准。

同时，AS/NZS 4360 也发布了第三版更新文件，我们可以看出，这版框架已经和 2009 年的第一版 ISO 31000 的流程非常接近了，如图 4.4.5 所示。

ISO 组织终于在 2005 年 9 月成立了由各个国家专家代表的专门研究风险管理标准的工作组，开始着手将澳大利亚和新西兰的经验转化为国际通行的

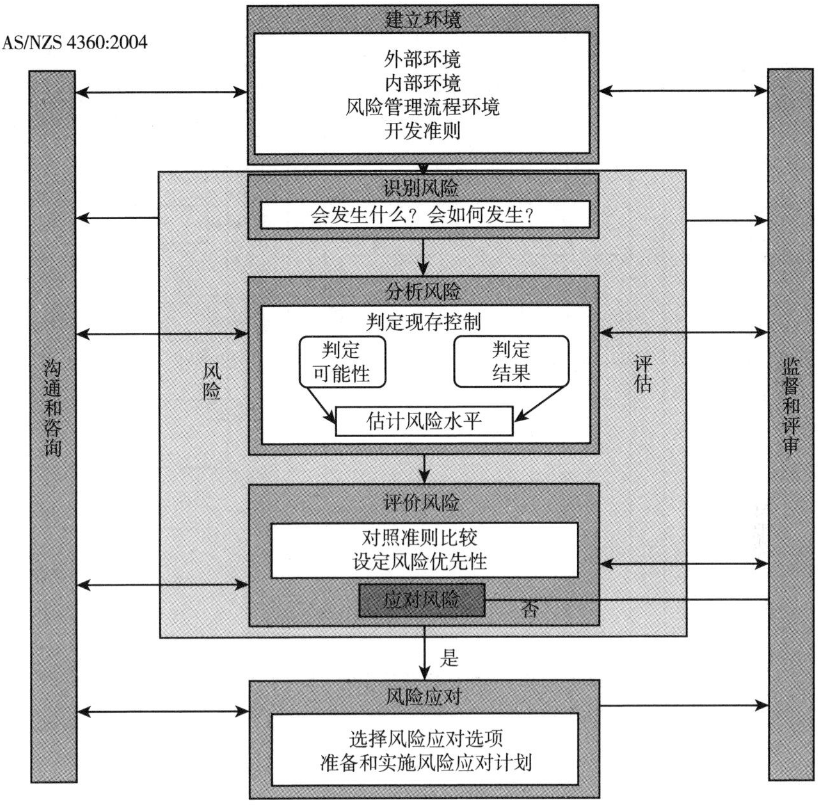

图 4.4.5　2004 年澳大利亚/新西兰国家《风险管理标准》框架

风险管理标准。

四、ISO 31000 风险管理标准的出台

2009 年，经过四年的研究和反复讨论，ISO 组织终于推出了 ISO 31000 风险管理——原则与指南文件，采用了如图 4.4.6 所示的原则、框架加过程的整体框架。

需要说明一点的是，2009 年，中国也发布了其国家风险管理标准，即 GB/T 24353《风险管理 原则与指南》，采用了如图 4.4.7 所示的框架。这个标准是在 ISO 31000 正式发布前 2 个月发布，并且参考了 ISO 31000 的草

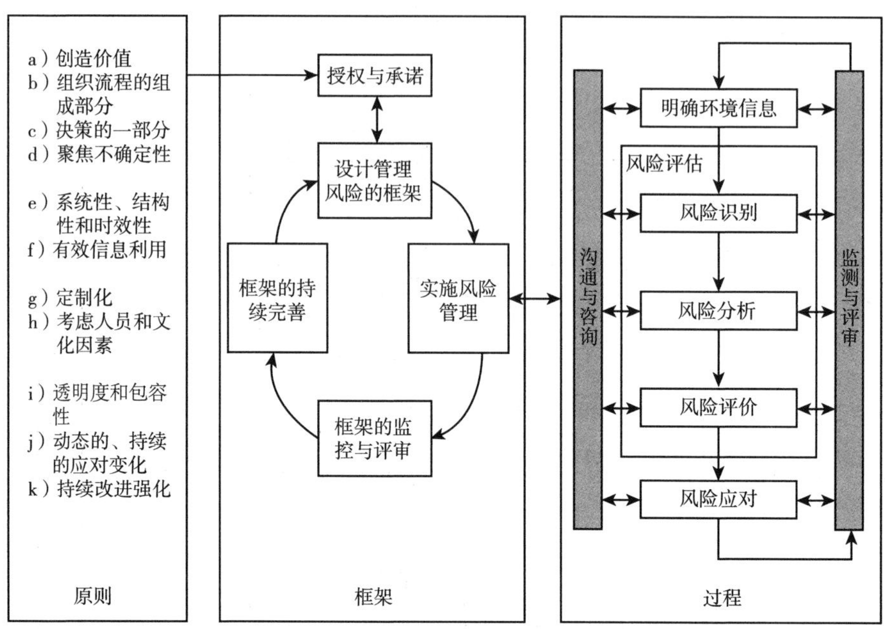

图 4.4.6 2009 年第一版 ISO《风险管理——指南》国际标准

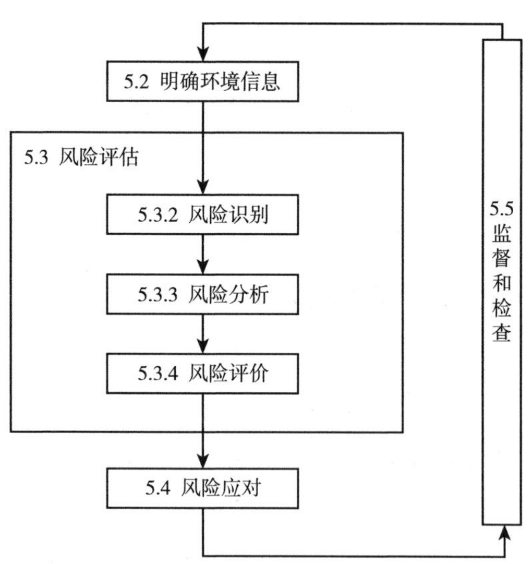

图 4.4.7 GB/T 24353 中的框架

稿，不同的是，去掉了沟通和咨询的部分。

2018 年，ISO 再次更新其框架，形成前面提到的“三轮车”框架，使标准内容的描述更简洁、更易理解、更加注重和企业管理活动的融入和整合。

五、ISO 31000 的系列标准

其实，ISO 31000 是一个族系，还有一系列和风险管理相关的标准，它们都属于风险管理这个大族谱中，如：

ISO GUIDE 73 风险管理术语；

ISO 31010 风险评估技术（2019 年已更新）；

ISO/TR 31004 风险管理标准实施指导；

ISO 31022 法律风险管理标准；

ISO 新兴风险管理、旅行风险管理……

本篇包括了这几十年来主要的风险管理标准框架和演变过程，由于文章篇幅的限制，我们只能把发展历程给大家做简要介绍，希望能够给大家对这方面的学习提供一些指引。

第5篇　从COSO企业风险管理框架演变看企业风险管理工作的定位

在谈这个话题之前，我们先从COSO新版风险管理框架的标题讲起，COSO新版企业风险管理框架的标题定为Enterprise Risk Management-Integrating with Strategy and Performance，我们简写为ERM－ISP，到底该如何理解和翻译新版风险管理框架的题目，这是一个非常重要和严肃的问题。

中国人有句古话：名不正则言不顺。标题的理解和翻译不仅体现的是对一句话的描述，更是对整个风险管理工作的定位，是处理企业战略和企业绩效与风险管理工作的关系的关键问题。如果理解或者翻译不好，定位出现问题，那整个工作在企业的方向就会扭曲，执行过程中也会变形。

看见有其他不少专家也在分析解读COSO 2017版企业风险管理框架，特别是对于框架的标题，各种专家给出了不同的理解和中文翻译，如有人翻译成：

- 企业风险管理——整合战略与绩效；
- 企业风险管理——与战略和绩效的整合；
- 企业风险管理——集成战略与绩效。

的确，如果仅仅从字面上来讲，这么来直译也可以理解，但是从翻译来讲，最佳的翻译方式绝对不是直译，而且有时直译更是词不达意，造成误解和误读。

如何做到最佳翻译？做到最佳的翻译需要具备几个条件：（1）中文好；（2）英文好；（3）专业好；（4）责任心好。以上缺一不可，在笔者看来，翻译可以分为以下几个级别：

第一级叫作直译，翻译的是字面意思，是最方便的，直接 Google Translate 就可以了，如果对内容比较熟悉，读者在这类翻译中能勉强从晦涩的文字中理解大概意思，有些则完全曲解。例如，有些“专家”将新版 ERM 框架标题翻译为“集成战略与绩效”，这是一种不负责任的胡扯，没有专业背景的人以为“集成”一词是战略与绩效的定语呢。虽是直译，但与原意相差十万八千里。

第二级叫作意译，需要从字面的意思出发，根据作者要表达的意思进行润色，要表达的逻辑进行调整，以达到可以顺利阅读、了解其义的目的。

第三级叫作会意，要求从文字出发，但根据上下文环境和作者的原意，不进行组字组句的翻译，但根据中文的阅读习惯和语言特点重新组织调整，使其可以恰如其分又流利工整的表达作者的意图，这才是最高级的翻译。

一、2004 年第一版风险管理框架的标题

我们先来看一看 2004 年 ERM 框架的标题，2004 年第一版风险管理框架的英文名称为：*Enterprise Risk Management-Integrated Framework*，当时东北财经大学出版社 2005 年引入中文版时的翻译为：企业风险管理——整合框架，那这个 integrated framework（整合框架）怎么来的呢？

2004 年这个 Integrated Framework 是延续 1992 年 COSO 发布的 *Internal Control-Integrated Framework* 而来的，此版本 2008 年被东北财经大学出版社引入并翻译。两者都被翻译成了“整合框架”，作为一项新的自成体系的企业管理工具和职能，在当时的情境下，这样理解和翻译无可厚非。

时至今日，新版的 ERM – ISP 风险管理框架的发布，这个体系的定位已经不再是一个孤立的体系了，也不能再定义为一个“整合框架”了。“Integrating with Strategy and Performance”，虽然还是 integrate 那个词，但是因为涉及了与企业战略和绩效的关系，它的含义完全变了，所以有些“专家”把它翻译为“整合战略和绩效”，这是一种延续历史的翻译方式，在今天看来，是一种牵强附会的翻译和理解。

COSO 在报告的前面就介绍说，风险管理是一个文化、能力和实践，并

不是一个职能或者部门，那这样一个文化、能力和实践怎么可能去整合战略和绩效呢？又怎么可能被战略和绩效来整合呢？

二、2017新版风险管理框架标题

2016年，COSO发布了风险管理框架征求意见稿，当时的表述是*Enterprise Risk Management-Aligning with Strategy and Performance*，笔者在第一版的解读里把它意译为：企业风险管理——服务于战略和绩效的实现。当然，也可以译为企业风险管理——与战略和绩效协同一致。

从征求意见版到正式版，只把aligning改为integrating，前期介绍过这两者的含义区别，定位虽然有了一定的改进，但还不是对最佳状态的描述。

企业风险管理和企业战略与绩效到底是什么关系，与企业管理什么关系，其实我们在实践界早有结论，中国企业在风险管理领域走过的路、积累的经验，在全球独一无二。COSO只是帮我们总结了一下，但就笔者个人理解，还不算完美。

三、中国企业风险管理理论和实践之路

（一）风险意识形成阶段

2006年国务院国资委发布了《中央企业全面风险管理指引》，开启了中国企业风险管理实践的大门，这是一份非常超前且技术含量非常高的文件。在国际上，有些专家听说中国政府早在2006年就发布了这样的文件都感到赞叹。十多年前中国企业界对风险的认识是非常初级的，对风险管理这套系统理论的认识更是非常贫瘠的，只有少数已赴境外上市的企业系统地接受过内部控制体系的建设过程，许多企业还不知道内部控制是个什么东西，更谈不上风险管理了。

在这样的背景下，在央企范围内推行全面风险管理体系的建设可谓困难重重，从理解上、意识上、管理支撑上、最佳实践上都存在着巨大的鸿沟需

要填补，笔者本人带队亲身参与了几十家央企的体系建设工作，所以一路建设下来，上百家央企中真正能够一直坚持运行这套体系的企业屈指可数。当时的中国企业，它的土壤还没有达到让这一套体系生根发芽的条件。

当时的做法就是把风险管理工作作为一个独立的管理体系来建设及运行，就像2004年COSO对风险管理工作的定位一样——integrated framework。建体系、建流程、建手册，并没有真正融入企业的核心价值链，最后很多企业搞成了与企业管理的“两张皮”，变成了一个临时任务完成后就束之高阁了。另外，这也和中国企业的发展阶段和成熟发达国家的阶段差异有关系，好比拿一个德国豪车的轮子套在中国本土自主品牌的汽车上，根本就不是一个发展阶段，需要改造和本土化，也需要自身通过学习借鉴、自力更生地跨过初级发展阶段。现在来看，这是一个中国企业特殊历史发展阶段下的必然。

（二）风险管理的反思与整合阶段

经过几年的体系建设摸索，中国企业界从带着对风险管理的一脸茫然与好奇，开始接触了这套体系。虽然这套体系最终没有被持续运行下去，但是却对中国企业界产生了一个不可替代的价值和意义。那就是风险管理意识的形成以及企业风险管理语言统一。掌握了这些基本技能，中国企业可以推开了这扇大门开始自由探索了。

随着2008年中国财政部发布《企业内部控制基本规范》，国务院国资委也在2012年发文要求央企实施这套内控体系，由于内部控制体系前几十年在国际上积累了很多成熟的经验，而企业风险管理在国际上没有形成可以借鉴的经验。另外，内部控制体系强调和企业制度、流程相结合，配合实质性测试和穿行测试及缺陷整改，让企业看得见、摸得着，让广大的风险管理、内部控制、内部审计等从业人员感觉好像比前期推行风险管理体系时更容易把握一些。

其实工作层面上的人不太了解，风险管理这套体系本来就是为领导层和决策者服务的，工作人员理解上存在误差有一定的必然性。无论如何，企业内部控制体系的推行，在一定层面上也推动了风险管理体系的自我反思和工作方法论的调整；探讨了如何使风险管理工作更好地和企业管理结合，在既定的企业战略下，如何设置风险偏好和风险承受度，促进公司整体目标的达成。整体来说，这是一个风险管理“脱虚向实”的探索发展阶段。

这个阶段，可以理解成COSO今天所提到的integrating with strategy and performance阶段，就是如何使风险管理工作和其他企业管理活动整合的阶段。

（三）风险管理工作的融入阶段

从COSO ERM的框架图中可以看出，从征求意见稿的环绕企业核心价值链到贯穿融入其中，其实COSO已经意识到了，这不是一个孤立的体系，不能独立于管理体系来谈风险管理体系。但是框架图虽然意思表达了，标题还是用了一个integrating。这样能充分表达吗？不能。那应该怎么表达才是最佳的描述风险管理和企业战略及绩效的关系呢？

回答这个问题，正是我们中国企业从接触风险管理到理解、改造、利用风险管理工作的过程。这样的一个过程，其实是企业对于一个新视角管理体系的理解过程，和人类接受一个新事物的思考过程一致。首先，为了形式而存在；其次，形式和内容并重；最后，不再关心形式，而内容才是实质。

那么这次新版ERM框架有没有进步？有。比2004年第一版已经有了翻天覆地的变化，纠正了很多误解和灰色地带。

还有没有提升的空间？当然有。而且这种引领方向的实践在中国已经悄悄地进行了。

四、企业风险管理工作的正确定位

（一）风险管理工作的层次定位

最开始对于风险管理工作在企业的落脚点是没有明确界定的，经过多年的摸索与实践，我们协助企业进行风险管理工作体系的搭建，从战略到运营，“横到边、纵到底”“风险无时不在、风险无处不在”等说法，是最开始进入泛风险时代的突出表现。

但是，慢慢摸索发现，很多事情虽然都可以归结到风险上来，但是漫无边际的风险管理会导致最终定位不清，从而导致目标不明确、边界不清晰，容易“跑偏”，也给企业实施带来非常多的困惑和疑问。

纵观整个企业各项管理活动后，我们总结了这套体系在企业管理中的作用，认为风险管理工作应该在企业的战略管理之下，在运营管理之上，作为一个“中台”的作用，连接战略的实施和运营的支持，使其上下协调一致，最终达成目标。

就像央企全面风险管理指引中给出的风险定义那样，是服务于企业经营目标的，侧重在战略支撑和指导运营之间。

这是针对风险管理作为一个体系的定位，当然，作为一种意识和能力，也可以用在决策者的战略制定上，同样也可以指导运营层面的控制设计（如图 4.5.1 所示）。

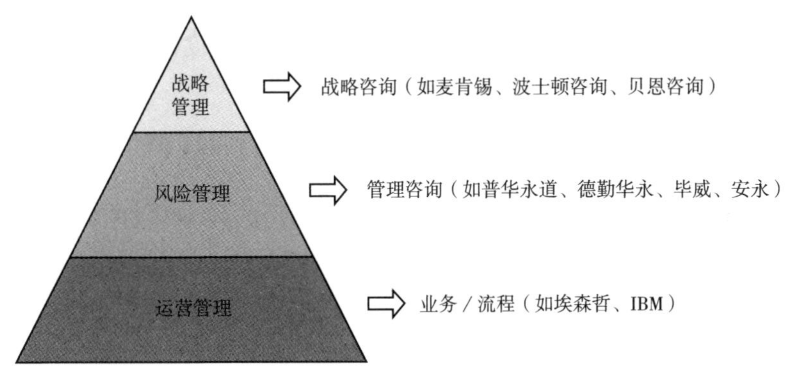

图 4.5.1　风险图谱

从为企业提供的服务机构来说，也可以看得出区别。例如，战略管理一般都是战略管理咨询公司，如麦肯锡（McKinsey）、波士顿咨询（BCG）、贝恩咨询（Bain）；风险管理近些年来兴起后，主要是“四大”（普华永道、德勤华永、毕威、安永）、风险咨询公司和一些管理咨询公司；运营管理则主要侧重为公司的业务线和流程方面提供服务的公司，如埃森哲（Accenture）、IBM 等。

（二）风险管理工作的内容定位

这里通过一个企业实例向大家进行介绍。

笔者曾经为一家央企提供过多年的风险顾问服务，由于企业一把手的信任，每年都会给这个企业按照计划逐年深入和扩展工作内容。

第一年：进行了管理诊断，梳理制度、流程和风险点，建立控制矩阵，建立完善了企业的内部控制体系。

第二年：建立了风险清单，确定目标体系和风险偏好、风险承受度，划分风险分类和责任矩阵，建立完善全面风险管理体系。

第三年：针对主业的核心风险进行细化形成风险管理子体系。同时和客户在深入探讨和尝试风险管理和内部控制的融合，风险管理和 ISO 9000、ISO 14000、ISO 18000 的融合，风险管理和各项企业管理活动的融合。

第四年：尝试如何从集成（integrated）的内控体系和风险管理体系中抽离出来控制活动和要素直接打散到企业的各管理活动中去。最后，两个体系的精华被各个业务活动吸收，重新升级了企业管理制度体系和数百项流程。最终促成了以风险为导向的企业管理体系的重生。

同样，作为 COSO 组织研究风险管理框架而言，对风险管理体系的定位和认识也会进入这样一个认识逻辑，这是客观的发展规律。

COSO 新的框架引入了与战略和绩效的关系，不再就风险管理而风险管理，而是从企业管理的整体观上来看待这个体系，但 integrating 的说法并不是对风险管理体系最佳的定位。

根据中国的实践，如果几年后 COSO 组织还将更新这个框架，笔者将向 COSO 组织建议，风险管理应进一步忘掉自己（风险管理），因为对企业而言，企业风险管理并不在核心价值链上，但是却可以最大限度地辅助企业核心价值的创造和实现，企业风险管理的正确定位应该是 *embedding in strategy and performance*，即嵌入式融入企业的各项管理活动，当风险管理彻底忘掉自己的时候，你会发现风险管理随处可见。

这一点，我们在生存了上百年的跨国性企业中清晰可见。除了金融和保险等需要风险集中管理的行业外，这些发展成熟的跨国性企业几乎都没有设置风险管理和内部控制部门，而大多数只设置了一个风险经理（risk manager）负责企业的保险安排。再有就是 legal、compliance、controller、audit 等职能履行了部分的风险管理专项、监督、改进的职能。你能够说这些企业没有风险管理和内部控制吗？以笔者这么多年的亲身体会来看，显然不能。

深入理解后你就会发现，现在所谓的这些风险和控制早已落到日常管理层的决策和所有的业务流程中去了，这才是真正的管理和控制。

中国的企业，要打造成为真正的百年老店，要走的路还很长，有的阶段和步骤不可跨越，需要时间和空间！

第6篇　风险评估工作的现状、问题和思考

概率是人类无知程度的度量！

——庞加莱　法国数学家

回顾过去这些年在风险评估工作中经历的一些疑问和思考，看看能不能给大家一些启发。

一、风险评估的前提

风险评估的前提是必须要确定目标，我们说，风险与目标是从属关系。没有目标，就没有风险；目标不同，则面临的风险不同；目标变化，则相应的风险跟随变化。但是，如果从风险的一般性定义“影响目标实现的不确定性”来看，这里的目标，是一个一般性的表述，不是专指某一个或一类目标。

就企业而言，按照COSO的定义，风险是事项发生并影响战略和商业目标实现的可能性。这里的目标，就明确为企业的战略和商业目标。如果用我们上面的一般性定义，可以表述为影响企业战略和商业目标实现的不确定性。

过去这些年，最开始我们到企业中去识别风险的时候，人们会只关注损失和不确定性，而忽略了与目标的关系，所以导致识别出的风险结构很杂乱，没有一个清晰的依附主体（不明白为什么ISO 9000将风险定义中的目标去掉）。在后来的工作中，我们风险评估之前首先要做一步就是明确目

标，有的企业目标非常明确，有的则相对隐晦；有的是定性的，有的是定量的。另外，就企业目标而言，实际是一个目标体系结构，大目标就又可以分解为二级目标和更低级的小目标。而风险，就是嵌套在这些不同级别的目标之上。

那制定目标的过程有没有风险？当然有，而且这类风险还是对企业影响力最大的风险，因为涉及决策和判断，都是领导层在关注，可能我们当前履行风险管理职能的人接触得少，但这一部分却是最应该进行充分的风险评估的环节。前期在好多企业中，风险管理职能通过工作感觉无力改变一些现状，就是因为在定目标和决策过程中没有进行充分的风险评估，埋下的隐患是后面通过再多的努力也弥补不回来的。因此，这也是笔者一直强调风险管理必须一把手重视，为决策服务的原因。

二、如何描述风险

这是一个看上去十分简单、实际却非常不容易做好的工作。如果所有人对什么是风险还没有达成一致的话，那描述风险就显得更不容易。因此，一般企业开展风险管理工作的第一步是统一风险语言，如明确什么是风险、如何描述风险、如何进行风险分类、风险评估标准……这还都是技术层面的，再加上组织层面的工作，其实还是个挺复杂的事。

前些年描述风险典型的表现方式是：原因（驱动因素）+结果（影响）的方式，即……情形发生，导致……

前期我们花了那么多时间讨论定义，有人可能觉得有点太学术了，但对风险定义的方式不同，对风险的描述差别是非常大的。

我们举个例子说明：在当前的国际背景下，如果发生战争，那么可能将导致石油价格的波动，对某些中国能源企业的收益将会造成影响。如果我们认为风险是对目标不利影响的不确定性，那我们的风险就可以描述为：美伊战争，导致公司收益的下滑；如果我们将风险定义为影响目标的不确定性，那风险可以描述为：美伊战争，导致公司收益的波动。大家可以体会一下差别。

三、风险评估的基本流程

风险评估的基本流程包括风险识别、风险分析、风险评价，这三项内容一般表述为由前至后的三个步骤，但这三个步骤顺序却不是一成不变的，我们可以根据情况需要对这三个步骤进行重新组合。用ISO 31000最新版中的描述，这是一个相互交织、反复迭代的过程。

另外，识别、分析、评价，这是一个通用的评估基本流程，是风险管理工作的一部分，可以嵌入任何一个有风险存在或分析问题的管理环境中。

前期有些专家认为，内部控制体系中也需要进行风险识别、分析、评价等工作，所以内部控制包含了风险管理。这是不对的，内部控制包含了风险评估的基本流程并不能得出内部控制包含风险管理的结论。

在基本流程里需要重点提示的是，在风险分析中需要有风险相关性的分析，这部分工作其实是非常复杂的，因为风险往往不是孤立的，它们之间是相互交错的。我们描述风险以原因+结果的方式，有可能这里的原因是前面的结果，这里的结果，又是下一步的原因，这是一个链式结构；仔细分析发现，链和链之间的节点也有关系，又形成了一个网状结构；再分析发现，网和网之间又有节点之间的联系，又形成了一个立体空间结构。多年前笔者曾经为此困扰不已，发现可能只有神经网络可以描述这样的交错情景。

前一段时间，有朋友问笔者关于风险评估前后关系的问题，笔者随性给他写了一副对联。

上联：因果因果因因果

下联：果因果因果果因

横批：亦因亦果

笔者没有和他开玩笑，笔者对此真的是深有体会的。后来，笔者自己思考了一下如何处理这种情况：第一，要尽量保证并列关系的风险进行分类时处于一个层面；第二，分解到可管理的程度处终结。

四、风险评价维度

我们最常用的风险评价的两个维度是发生可能性和影响程度。我们通过各种各样的方式得到两个维度的评价结果，如资料分析、调查问卷、访谈、专家意见、研讨会、头脑风暴等，从最低一级的风险事件建立模型计算出最终对风险的评价结果。但是，就像笔者在之前的文章中提到的那样，除了金融领域和少量可量化的风险外，在一般企业类型中，大部分管理风险评价结果的目的，都是一个相对重要性排序，类似于利用层次分析法（AHP）得出了两两相比的相对重要程度的概念。

因为不管使用何种手段，对于这类风险，最后得出35%的概率和40%的概率几乎都是主观认定的，只不过大家一起拍脑袋显得参与感和仪式感更强而已。所以最后的风险评估结果，以及在此基础上得出的重大风险、重要风险，都是一个相对重要性排序。

根据我们之前的经验，对一个风险事件进行可能性和影响程度的评价，也有诸多待明确的问题。例如，对概率的判断到底是对因出现的概率判断还是由因导致果的概率，还是导致不同情况下不同果的概率？

前些年在企业交流，我们列出一个事件，有时会指出现状或情形可能会导致哪些问题出现，企业有些领导不同意，认为我们在讲问题，在批评他们，所以将所有对现状的描述前面加一个“如果”，表明这不是目前的情况，是未来可能出现的情况。

很多人说不清楚，所以刚才说大家都是拍脑袋，谁也说不明白就都不深究了。后来思考之后把逻辑理了一下：风险事件 = 原因 + 结果，如果对其进行可能性评价时应该是原因发生的可能性 P × 结果（唯一性）的可能性 P。如果原因是现状描述，那可能性 P = 1；如果结果的可能性确定，那结果 P = 1；但两个不能同时等于 1，确定的情形而不是风险了。

如果结果不是唯一的，那就需要按照结果的不同概率导致的不同结果，用一个分布来表示和计算了。

五、风险图谱（雷达图、热图）

我们前期常用的风险评估显示方式就是风险图谱，或者叫风险雷达图、风险热图，这是其中还算比较细致的一个，如图 4.6.1 所示。

高	很高	4.5~5	中	高	高	高	高	高	高	高
	较高	4~4.5	中	中	中	高	高	高	高	高
		3.5~5	中	中	中	中	高	高	高	高
中	中	3~3.5	中	中	中	中	中	中	高	高
		2.5~3	低	中	中	中	中	中	中	高
低	较低	2~2.5	低	低	低	中	中	中	中	高
		1.5~2	低	低	低	低	中	中	中	中
	很低	1~1.5	低	低	低	低	低	中	中	中
影响程度 / 发生可能性			1~1.5	1.5~2	2~2.5	2.5~3	3~3.5	3.5~4	4~4.5	4.5~5
			很低	较低		中		较高		很高
			低			中		高		

图 4.6.1　风险图谱

我们之前通过了风险本质的大讨论，虽然我们前些年就提出了风险的双面性影响，但是过去这些年所有的实践，还是没有跳出传统的风险认知范畴，谈论的风险还是集中在风险的负面影响。从图 4.6.1 中可以看出，所谓的影响程度其实是指造成损失的严重程度，我们是无法在这个图中区分一个风险的正面影响和负面影响的。

所以，如果要真正识别那些有正面影响的风险，例如，使用图 4.6.2 这样的图谱方式才可以让风险管理从业者真正具备双面性思维。这也是在讨论的文章中笔者为什么把机会纳入风险管理范畴中的原因。

对于风险的评价结果只根据风险的风险水平 = 可能性 × 影响程度，已经远远不能满足当下对风险的认知判断了，例如，我们对可能性 =1、影响程度 =5，与可能性 =5、影响程度 =1，两个事件虽然风险水平一样，但是特性完全相反。另外，还需要根据组织的适应性、风险影响的速度和持续时间、组织的恢复能力等综合衡量。

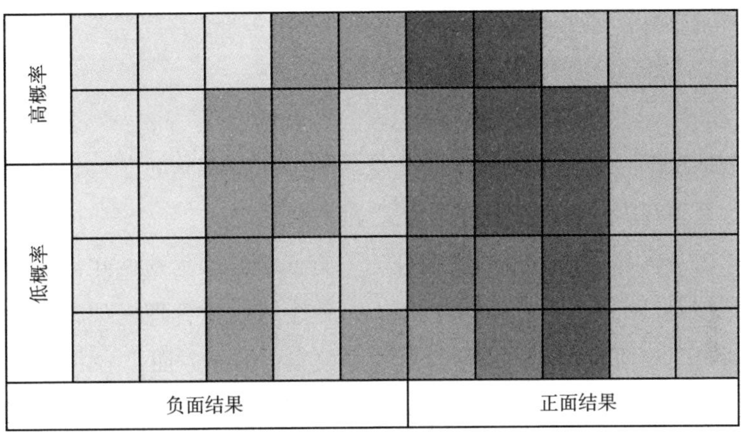

图 4.6.2 两面性风险图谱

第7篇　一文读懂企业内部控制的前世今生

无论是对国际企业还是对国内企业来说，中国都走过了一段不同寻常的企业风险管理和内部控制工作的发展之路。

为什么一直都在写企业风险管理，一方面，是因为这两年风险管理领域的动作比较大，COSO和ISO接连出台革命性的风险管理框架，我们需要花费大量的时间和精力给大家讲清楚这两个框架；另一方面，与内部控制相比，风险管理更难把握一些，所以我们希望先把难啃的骨头一口气啃下来，然后再展开其他话题。

其实，在之前的一段时间，企业界邀请笔者进行分享的，大多是企业内部控制体系的话题，因为在工作角度而言，与风险管理相比，内部控制范围的内容更具有操作性，强调和制度与流程的融合，效果看得见、摸得着，所以对于操作层面的人来说，还是更喜欢内部控制，便于落地执行。

从在四大接触系统的内部控制理论，包括对美国萨班斯的内控要求及全球各国“萨班斯”们的理解，到在不同类型的企业实践，再到后来帮助企业进行内部控制和其他体系的融合，笔者记得最多的时候一年完成了12个内部控制的顾问项目。如此说来，确实应该分享下内部控制的心得体会。我们尝试用这两篇文章将内部控制的发展由来、主要里程碑事件以及东西方对于内部控制的认识差异给大家讲清楚，让大家先从宏观的角度对这套体系有一个整体的认识。

一、内部控制的前世

（一）内部控制的由来

内部控制（internal control）是近代提出来的，最原始的控制思想的雏形来源于内部牵制（internal check），牵制思想的体现可以追溯到人类几千年以前的古文明时期，从美索不达米亚到古埃及、波斯、古罗马等地的国库管理职能的分工上，都有内部牵制思想的体现。在《周礼》的记载中，中国早在西周时代的国库管理中，便分为了职内、职出和职币三个岗位，分别负责收入、支出和盘点登记。所谓牵制，是指职能和职能之间必要的相互弥补、相互约束，不能由一个职能完全支配一项业务活动而没有交叉检查和约束。

可以看出，牵制思想最早出现在财政管理（财务管理）中，这些牵制思想直至今天还被作为财务管理的基本制度延续了下来。需要说明一点的是，最开始的牵制思想体现其实不仅仅是在财务管理领域，对于管理领域来说，管理牵制也是一个很古老的话题，只不过是由于财务管理的特殊性和敏感地位体现得突出一点罢了。

今天牵制思想的体现也随处可见，例如，重要的场所上两把锁，保险柜的密码分为两段、业务按不同权限授权不同岗位等。

我们前面写风险管理发展历史的时候，其中有一个分支是财务管理领域，指的就是内部控制的发展前身内部牵制思想的源头。

随着内部牵制思想的发展，“控制”一词最早在 17 世纪被提了出来，含义为“由登记者之外的人对账册进行检查核对”。在这个阶段，内部控制主要体现在对会计账目和会计岗位的分离和牵制。

（二）内部控制设计的初衷

从上面的分析中我们可以看出，内部牵制思想的出现是要避免两类问题的出现，一类是无意识的错误，另一类是有意识的舞弊。

无意识的错误，如由于粗心大意或信息遗漏，或信息传输过程中出现误差导致最终的结果和实际情况出现差异。

有意识的舞弊，则是指有计划、有预谋地为了达到一定的目的而采取的一系列行动，导致财务数据和真实经营情况不符，最终的公司利益受损。而有意识的舞弊情况也是内部控制关注的重点。

无论是通过设计内部控制进行不同岗位交叉检验还是相互约束，都会大大降低以上两个方面问题出现的概率。

（三）内部控制理论的历史发展

20世纪是现代企业管理理论的发展形成阶段，同样也是内部控制理论发展成熟的阶段。我们就按照时间的脉络总结一下这个过程的一些重要的里程碑事件。

（1）1912年，罗伯特·蒙哥马利在其审计领域经典著作《审计理论与实践》中对内部牵制进行了系统定义。

（2）1934年，美国发布《证券交易法》，要求证券发行人设计并维护一套内部会计控制系统。

（3）1949年，美国注册会计师协会（AICPA）发表《内部控制：协同的系统要素对管理层和会计师的重要性》，首次给出了内部控制的定义。

（4）1953年，AICPA在《审计程序说明》中将内部控制分为两部分：会计控制和管理控制。

（5）1958年，美国会计师协会审计程序委员会（CAP）发布的《独立审计人员评价企业内部控制的范围》中也确定了将内部控制分为会计控制和管理控制两类，这也被业内人士称为内部控制“二元论”阶段。

（6）1963年，CAP发布公告《审计准则程序》中针对1958年发布的会计控制和管理控制两项工作，针对审计人员对管理控制审计没有经验导致审计方法难以标准化且审计效果不理想等情况，CAP表示审计人员重点关心会计控制，而管理控制不直接影响会计记录，因此，无须评价。历史总是惊人的相似，在中国财政部2010年发布的《企业内部控制审计指引》中，我们也是将企业内部控制分为财务报告相关内部控制和非财务报告相关内部控制。当时在研讨审计指引时，各大事务所也是针对要求事务所发表对企业非财务报告相关内部控制审计结论有很多不同声音。最后的审计指引不得不改为事务所主要针对财务报告相关内部控制发表意见，而对非财务报告相关的内部控制，则要求如果审计过程中有发现就披露，无发现就不必披露了，这一幕和50年前美国当时的情况如出一辙。

（7）1972年，由于美国总统选举导致的“水门事件”的发生，在后续调查的调查中发现众多美国公司在全球进行非法捐款和贿赂，所以在后续出台的《反海外贿赂法》即 FCPA，要求所有的美国公司都要建立和保持健全的会计记录和内部控制。因此，水门事件也被看作是内部控制发展史上的里程碑事件。

（8）1985 年，为了遏制日益猖獗的企业会计舞弊行为，美国的 5 家相关领域的权威机构联合成立了一个美国反财务造假委员会，就是我们今天熟悉的 COSO 委员会。

（9）1988 年，AICPA 发布了《审计准则公告 55 号：在财务报告审计中考虑内部控制结构》，其中将内部控制分为了控制环境、会计系统、控制程序三部分。其中，本次加入了控制环境的要素，需要重点关注，这是在前期摸索的基础上，发现内部控制的建立和生效需要有一个良好的土壤，如果土壤条件不具备，那么内部控制体系建立得再完善也无法存活。至此，内部控制走上了“三元论”时代。

（10）1992 年，COSO 委员会公布《内部控制——整合框架》，这是一部划时代的框架，也是一部对现在的内部控制理论和实践有重要指导意义的文件，这个框架作为此领域最具代表和权威性的框架，被全球多个国家借鉴和采用，并修订形成了当地的内部控制框架，其中包括中国 2008 年发布的《企业内部控制基本规范》，就是以此框架为蓝本起草形成的。此框架对于内部控制的定义也作为一个被广泛认可的定义一直沿用至今：“内部控制是一个过程，由组织的董事会、管理层和所有员工共同实施，旨在为经营的效率效果、财务报告的可靠性、法律法规的遵循性提供合理保证。”也正是此框架，将内部控制分为了五要素“内部环境、风险评估、控制活动、信息沟通、监督改进”，从而将内部控制带入“五元论”时代。

从上述的发展历史中可以看出，先是出现了牵制思想，而后作为组织审计内容的一部分被系统地定义和要求，我们之前的相关文章中谈过内部审计的发展历史，在这就不再重复了，在审计职能的要求和推动下，又发展为今天专门的内部控制理论体系，继而又发展孕育了风险管理体系。

这种思想的演变我们也能从中国公司的身上找到影子，华为公司内部职能机构的演变也能印证这种过程，华为内部是先有内部审计部门，后来从内部审计部门衍生独立出来内部控制部门，再后来从内部控制部衍生独立出来风险管理部门，和我们历史的发展规律完全一致。

二、内部控制的今生

我们以21世纪为一个标志点，把2000年之后至今的内部控制发展阶段称为内部控制的今生。

（一）21世纪初的系列财务造假案

2001年，新千年伊始，美国先是遭受了在美国本土历史上影响力最大的"9·11"恐怖袭击，对其政治和经济各个领域造成了极大的影响。紧接着又发生了以安然事件为代表的一连串大型公众公司财务造假事件，重创了其资本市场和全球投资者的信心。

2000年，安然公司位列世界500强第7，曾一度是全球最大的能源交易商，对于这样一个巨无霸企业，突然在2001年宣布破产，让所有人始料未及。安然的股票价格也从最高每股将近100美元跌至26美分，让手中掌握大量安然股票的机构投资者和普通投资者血本无归。

投资者不禁追问，这样一个庞然大物发展到这么严重的破产事件，为什么前期一点征兆都没有，财务数据为什么没有一点反应？实际上，安然从1995年开始由于投资的连续失误导致公司的业绩一路下滑，公司的管理层为了稳定投资者信心和股价、兑现管理层的绩效奖励，采取了铤而走险的做法：通过虚增收入和关联交易等手段对损失进行掩盖，用造假的财务数据粉饰财务报表，并买通了其外部审计机构——安达信会计师事务所（Arthur Andersen）对其出具了无保留意见的审计报告。安达信作为当时全球五大会计师事务所之一，由于在此次安然事件中扮演了帮凶的角色，安然事件发生后，安达信也跟着安然的破产而倒闭了。

安然事件的出现，也凸显了美国社会的"数字迷恋"程度，认为只要通过研究企业报表就可以掌握一家企业的经营情况，这种迷恋来自第二次世界大战中美军通过精确的数字计算从而在战争中取得的最优化作战胜利。战争结束后，数字化的管理模式传入了企业管理领域，助推了几个大型企业的崛起，让美国人陷入一种认为可以通过数字看到一切、洞悉一切、掌握一切的幻象中，著名的质量管理专家戴明更是说出了“除了上帝，任何人都应该用数据说话”的名言。因此，安然公司虽然过去这些年经营一直滑坡，但利用财务数据造假粉饰报表的手段也撑了如此之久而没有被人察觉。

另外，造成安然接连出现失误而业绩大幅下滑的原因还包括安然激进的企业文化。在安然，经营者追求的目标就是“高获利、高股价、高成长”。安然公司的主管们建立了以盈利增长为核心的文化，安然鼓励的是不惜一切代价追求利润的冒险精神，用高盈利换取高报酬、高奖金、高回扣、高期权。安然事件从外部和表面上看是内部控制出现漏洞，导致财务报表没有真实反映公司的实际经营成果，从本质上看还是败在了从战略到投资、从经营到文化的风险管理失效和失衡上。

安然事件发生后，众多美国全球知名公司都接连被爆出财务造假的事实，包括世通、施乐、默克、强生、IBM、思科、摩根大通等，其中部分公司也申请了破产保护，世通的破产规模更是超越了安然公司。

（二）萨班斯法案（Sarbanes-Oxley Act）的出台

2002 年，美国国会称这一系列的财务造假丑闻“彻底打击了投资者对美国资本市场的信心”，为了挽回全球投资者的信心，国会的参议院和众议院联合以最快的速度起草并提交了萨班斯法案，最后法案由时任总统布什签署生效，布什称其为：自罗斯福总统（颁布了证券法）以来美国商业界影响最为深远的改革法案。

萨班斯法案中明确提出对于公众公司建立和保持内部控制有效性方面的强制要求，提高企业财务报告和审计的质量和透明度。如其中的 302、404、906 条款都是和内部控制紧密相关的内容，并且制定了非常严苛的惩罚条件，这也是让所有公司管理层都特别重视的原因之一，篇幅原因我们就不展开说明了。

在执行过程中，美国证券交易委员会（SEC）唯一推荐使用的就是我们前面提到的 COSO 在 1992 年发布的《内部控制——整合框架》，同时萨班斯法案的 404 条款最终细则中也明确表示 COSO 内部控制框架可以作为评估企业内部控制的标准。这让 COSO 的内控框架名气大增，对其发展成为全球内部控制框架权威参考文件起到了巨大的推动作用。

从全球范围来看，除了 COSO 的内部控制框架，各个国家其实都发展出了相关的内部控制相关文件，如英国的 Turnbull、加拿大的 COCO、南非的 King 等。中国香港颁布的《公司管治常规守则》中也明确要求了关于内部控制的内容。上面提到的这些内控框架中有一部分是参考采用了 COSO 的内控 5 要素框架，有些则没有。

（三）中国内部控制体系建设

2008 年，在前期国家各部委和部门发布的内部控制文件的基础上，财政部参考了 COSO 的 5 要素内控框架，经过几年的调研起草，联合证监会、银监会、保监会、审计署等五部委发布了《企业内部控制基本规范》。2010 年，又出台了 18 项具体业务的《企业内部控制应用指引》《企业内部控制评价指引》及《企业内部控制审计指引》，标志着中国企业内部控制进入标准化、常态化的发展阶段，我们也将这套文件称作中国版萨班斯（C－SOX）。其实，财政部在正式出台这些文件之前就发布过不止一版征求意见稿。2006 年，我们协助青岛啤酒建立内部控制体系时，就是参考的其征求意见稿文件。

2010 年内部控制体系文件发布后，由于境内外同时上市的企业在赴海外上市时，经历过一次内部控制的审核历练，因而这些企业被作为第一批按照中国模式要求建立内部控制体系，并逐年扩展到国内主板上市公司和非上市大中型企业。

2010 年后，在中国执业的会计师事务所及相关咨询公司迎来了一波由于内部控制监管要求推动的业务增长期。2012 年，财政部和国资委联合发文，推动中央企业用两年时间建立覆盖全集团的内部控制体系。2014 年，财政部又出台了《行政事业单位内部控制规范》，要求所有党政机关和事业单位建立健全内部控制体系。至此，中国的内部控制体系建设全面铺开。

（四）2013 年 COSO 内部控制框架的更新

时隔 20 年，COSO 对其第一版发布的具有国际影响力的内部控制框架进行了更新。针对原有 5 要素的立方体框架没有做根本性调整，只是对更新文件采用了国际通行的要素加原则的书写方式，详述了企业内部控制的 5 个要素 20 个原则以及 82 个关注点。

由于中国在推行 2008 年及 2010 年财政部发布的内部控制框架，因此尽管财政部引进并组织翻译了 COSO 2013 年的更新文件，在中国企业界并没有引起更多的关注。财政部也解释称在起草中国内控文件时，新版 COSO 内控框架的更新内容已在考虑范围之内，因此，中国的内部控制文件无须更新。

（五）东西方对内部控制体系的理解差异

根据这么多年协助企业实施中外企业内部控制框架的经验，结合自己的思考，我们来分析一下中国的内部控制体系和西方的内部控制体系到底有什么差异？

首先，通过上篇和这篇文章的讲解，我们能够看出，西方内部控制的发展历程中，从牵制到财务、审计到控制，从安然事件到萨班斯法案，有一个显著的特点，这些要求就是为了使企业达到内部控制设计时的一个最基本的目标——财务报告目标。企业建立内部控制的体系首先保证财务数据的真实性和可靠性，但是财务数据是否真实可靠，不仅和财务部门相关，因为很多有价值的数据都是在运营中生成的，所以和业务紧密相关。从这点出发，内部控制又向业务端进行了延伸，所以在执行萨班斯内部控制项目时，虽然有些内容是与运营和合规目标相关，但也是以财务的视角进行审视。

从西方的投资者角度而言，财务报告可以说是其判断一个企业是否具有投资价值的最重要的依据材料，所以监管机构必须以一种强制要求的形式使企业保持有效的内部控制来更好地保护投资者。对于监管机构来说，这就是最核心的目的。因此，对于一个美国上市企业，事务所要给出内部控制是否有效的结论，需要按照财务报表划定范围，对重要的业务循环进行大量的抽样测试，合理保证从业务端到会计科目的数字是准确可靠的。

而中国的内部控制体系与西方不同的是，我们投入了大量的精力，发布了十几项具体的业务内部控制指引，虽然我们采用的是比 COSO 更全面的五目标体系，但实际执行的过程中，我们的目标定位从财务报告目标转向了具体业务控制。

坦白地讲，这样的一个变化是有利有弊，从我们分析安然的案例看，导致安然破产的根本原因是业务风险控制出了问题，而后通过会计造假进行的掩盖，这样来看，财务报告的真实可靠并不代表业务风险控制得好。因此，中国的内控体系从财务报告转向业务，应该是更接近风险的本源，这是有利的一面。

不利的一面是什么呢？前些年西方的内部控制体系在推行过程中，为了达到财务报告真实可靠的目标，积累了一套最佳实践，所有的工作都是冲着这个目标来的。现在我们的目标转向了业务控制，目前并没有一套成熟的最佳实践明确地告知，从各个业务角度来看，怎么叫好？怎么叫不好？怎么评价？怎么审计？怎么叫合规？工作量到底有多大？在这些问题没有被明确地定义之前，企业搭建一个内部控制体系的灵活度会非常大。反映得直接一点，这些不确定性会造成咨询机构在市场上乱开价、乱竞争的现象。前些年，国内的一些海外上市的公司需要花费上千万完成内部控制体系的建设，而这几年，国内的上市公司甚至花几万都能有机构愿意协助，就是上面提到的这些原因。其实这些，并不利于企业内部控制体系的真正落地和发展，妨碍了企业真正掌握和理解这套体系的价值和精髓所在。

三、内部控制的未来

我们用了两篇文章的篇幅介绍了内部控制的前世今生，以及目前国内实施内部控制过程中存在的一些问题，目的是让大家可以从一个更全面的角度认识企业内部控制。目前看来，企业还远远没有认识到这套体系可以带来的价值。根据笔者这些年和数十家中国的大中型企业深入接触的感受，中国企业的平均管理水平笔者真正做到现代化、科学化和精细化的程度还有很大一块距离，而企业内部控制这套体系提供了一个全视角的控制要素集合，对完善企业现有管理要素有非常积极的作用。

（一）一套成系统的规则体系

企业内部控制体系中包含了关于审批、授权、关键控制点设置等一整套和公司制度、流程相结合的要求，不仅强调制度的设计，也强调制度的执行，这实际是在帮助企业建立一套规则体系。而以这套规则体系来看，中国很多企业的管理都不合格。对于部分管理活动而言，有的企业是没有规则，有的是规则本身设计不具操作性，有的是有规则不执行，无论哪里存在灰色地带，哪里就有可能成为管理缺陷和业务失控的区域。企业内部控制其实是要帮助企业建立一套“有法可依、有法必依、执法必严、违法必究”的管理机制。

（二）一套企业管理的基本功体系

笔者经常和企业交流，中国发布的内部控制体系文件，提供的是一套企业管理控制的最低标准、及格标准，并不是最高要求，但是最低标准是底线、是基本功，对于企业来说是不可或缺的，无论是初创型企业还是大中企业，越早接触越好，越早融入管理体系越好。

前段时间写了一篇关于中兴事件的案例分析文章，笔者说中兴事件暴露了中国企业管理软实力的脆弱性，而提升软实力最重要的是把企业管理的基本功打好，企业内部控制提供了一个很好的建立企业基本功的方法和路径，是一个很好的切入点。

（三）一套精细化的管理体系

前些年有一本比较火的书叫《细节决定成败》，中国企业也曾经掀起一段时间的精细化管理、精益化管理的变革思潮。由于中国特殊的文化背景，中国企业实现精细化管理的路途不会非常平坦，管理界说，你所忽略的细节，你的敌人会告诉你。中航油事件中陈九霖先生回忆说：魔鬼都藏在细节里！所有这些，都告诉我们企业管理要横到边、纵到底、360 度无死角才能保证企业发展处在可预期和可控范围内。企业内部控制体系和所有业务融合并提出具体的控制规则，从这一点来说，企业内部控制体系可以作为建立和完善企业精细化管理的一套工具在企业实施。我们不仅在尖端的技术领域需要核心竞争力，在管理领域也需要形成自己的核心竞争力，而这涉及更广泛的中国企业。

很多同人询问何时能讲一下具体各个业务板块如何进行内部控制体系建设，我们先让大家从大背景和宏观把握内部控制，各个业务板块属于操作层面，市面上有很多材料可以参考。

第8篇　细数风险管理与内部控制的八大不同

过去这些年，无论在理论界还是企业界，对于关于企业风险管理和内部控制之间的关系争论了好多年。多种说法都出现过，例如，有的说企业风险管理包含内部控制；有的说企业内部控制包含风险管理；还有的说企业风险管理和内部控制没有关系。

应该说，在这些年的争论过程中大家还是形成了一定的共识。但是，离真正能够说清楚两者之间的关系还有一定的距离。从企业实践来看，目前存在着很多不同的做法，很多企业因为无法准确区分两者之间的区别与联系，为了方便起见，还是将两者并行放在一起进行“风险管理与内部控制”的整合管理。笔者碰到很多同人吐槽遇到过此类苦恼，有领导询问关于两者之间的区别和联系，我们很多从业者却无法给领导一个满意的解释。

这其实不能责怪他们，因为两个体系的纠缠已经延续了十几年、争论了十几年，也确实没有人能够非常清晰地划清两者的边界和相互作用关系。就算前期形成了一定的共识，但是面对这两年企业风险管理领域翻天覆地的变化，就更难回答了。我们尝试带大家理一理思路，希望可以给大家带来进一步的思考。

一、国际“战场”的恩怨起源

前面的文章中我们已经谈到，1992 年 COSO 发布的《企业内部控制——整合框架》，作为在全球企业内部控制领域的集大成者，面对 21 世纪初美国公众企业一系列的财务造假事件，被美国证监会采用作为美国资本市场公众企业的合规框架而名声大噪，同时，也被全球各个国家参考和借鉴，形成了本国的企业内部控制管理框架。

但是COSO通过分析这一系列企业经营失败的案例，发现纯粹从建立和维护一个健全、有效的内部控制体系，还不足以防范这些失败案例的再次发生，因为有些失败的因素超出了内部控制的范畴。所以COSO考虑需要从更高的层面建立一个体系来指导企业如何能够更好地保护企业价值、实现企业目标。因此，时隔12年之后，2004年COSO发布了《企业风险管理——整合框架》。从名字上可以看出，从企业内部控制到风险管理，COSO的本意表明后者要比前者定位更高一些、范围更广一些，COSO在正式文件中也阐明：企业风险管理包含了内部控制，从两者框架包含的内容分析也能得出这样的结论。

通过观察两个体系的框架图，我们可以看出两者何等相似，显然是同出一门、同宗同源的，这也为日后全球范围的包含与被包含之争埋下了隐患。企业风险管理框架只是在要素和目标层面多出了几个内容，但一眼望去还是那个经典的“立方体”，如图4.8.1所示。

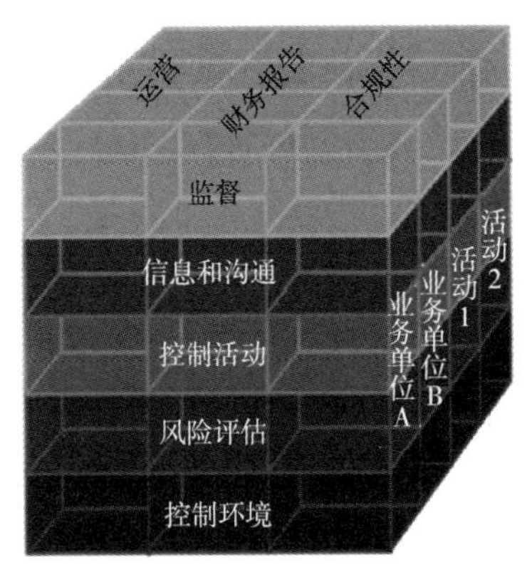

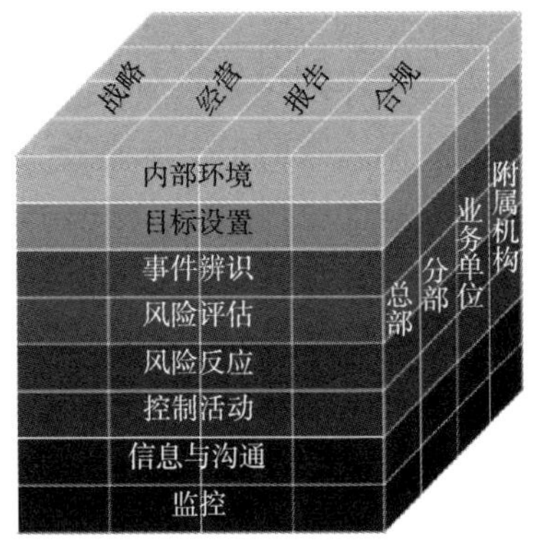

图4.8.1　COSO 1992年内部控制框架和2004年企业风险管理框架

实话实说，COSO组织以内部控制框架而全球闻名，而一个以财务、审计为主要背景的5家发起机构组成的COSO，起草企业风险管理领域的文件却不一定是其优势所在，因为从“控制”向“管理”的跨越有可能超出了其驾驭能力。但不管如何，由于 COSO 在内部控制领域的至高声誉，其随便一个动作就会引起全球的一阵骚动，这也凸显了一个平台的重要性。

在 COSO 发布 ERM 框架之前，全球范围内很早就已经出现了泛风险管理、企业层面风险管理的概念和理念，但是只是在局部和小范围内应用和传播，并没有被全面地普及和推广。

笔者时常想，借助 COSO 的影响力，2004 年 COSO 的 ERM 框架确实对企业风险管理理念的广泛传播起到了非常积极的推动意义。但同时，2004 年的“立方体”框架如同一个牢笼，也困住了企业风险管理放荡不羁、追求自由的翅膀。

二、中国“战场”的恩怨起源

国际上战事未结，中国的战役却已打响，而中国战场的发展应该是全球中最离奇、最精彩的那一个。中国企业风险管理实践的全面展开是以 2006 年国务院国资委发布的《中央企业全面风险管理指引》为标志的，而企业内部控制实践的全面展开是以财政部 2008 年发布的《企业内部控制基本规范》为标志的。

从时间线上来看，国际上两个文件的发布中间经历了 12 年探索和思考的时间，而中国只用了 2 年；从顺序上讲，国际上是先发布企业内部控制框架，又发展到企业风险管理，而中国的顺序正好相反。2008 年发布的企业内部控制基本规范参考了 COSO 1992 年的内部控制框架，而 2006 年发布的企业风险管理框架确实是中国自创的一套，这也为这个战场增添了一些新的不确定性。

2006 年，我们中国的央企、地方国企和部分大型企业开始风风火火地进行企业风险管理体系的建设，如我们之前文章中说的那样，企业内部控制是企业的一套基本功体系，2006 年在我们中国企业还未全面强化基本功的情况下，就吃了一粒“十全大补丸”，导致虚火很旺。

风险管理推行了 5 年之后，从 2011 年开始，中国企业又大规模地进行了企业内部控制体系的建设，这之后又进入了企业风险管理和内部控制的整合阶段，再之后是两个体系和各企业管理子体系的整合阶段。

三、企业风险管理的最新发展，推动了“战事”走向终结

2017 年 9 月，按照预定时间，COSO 组织推迟了一年发布了新版企业风险管理框架，这次的框架的变动如此之大，并没有对原有的框架进行修补，而是直接抛弃了 2004 年的立方体风险管理框架，挣破了立方体“牢笼”的企业风险管理，又重获自由。新框架强调风险管理不是一项独立的活动，应该和企业管理活动密切融合。

而文件中也提及了风险管理和内部控制的关系，为了避免前期混战的持续，厘清双方的关系，这次的风险管理框架中，没有提及任何和控制相关的话题，而将其都留给了内部控制体系，算是以此给两个体系做一个切割，希望双方不再有纷争。

2018 年 2 月，ISO 也发布了更新版的 ISO 31000 风险管理标准文件，也有一些新的指导原则和导向的变化。

四、企业风险管理和内部控制的八大本质差异点

因为亲历了全程，所以每个阶段都会留有一些思考和体会，回应开头关于业界对于两者的区别和联系，结合最新的理论发展，我们来总结和展望一下两者的本质异同点。

（一）执行力度不同

（1）内部控制强制性：对于企业内部控制而言，从发展源头上来看，是由外部监管机构强制执行的，特别是针对公众公司，企业内部控制有效性更是必须要保证的。

（2）风险管理自愿性：风险管理体系则不同，由于风险管理的目标是创造和保护的价值，这更像是企业股东和管理层的一种自愿选择行为，而不能是由任何外部机构强制要求组织应该创造多少价值。

需要注意的一点是，虽然外部监管机构强制企业建立内部控制体系，但

强制的部分是有侧重点的，不能代表企业内部控制的全部。所以企业内部控制体系要做得好，不能仅以满足监管机构的要求为标准。

（二）实施要求不同

（1）内部控制是最低要求：企业按照外部实施要求和指导文件进行的内部控制体系建设，是对企业控制的最低要求，是及格要求。

（2）风险管理是最高标准：企业风险管理工作是为了企业愿景、使命和战略目标的实现为工作目标，这个内部控制不同，是企业的一套最高标准。

打个比方，我们对一个人的要求，可以强制要求他不能触犯法律，但无法非要让他成为一个道德高尚的人。

（三）使用手段不同

内部控制基于控制：从名字上就能看出区别，企业内部控制体系的实施手段是基于控制的。

风险管理基于管理：而企业风险管理的实施手段是基于管理的，控制手段是管理手段的一种。

（四）针对目标不同

内部控制针对财务、运营、合规目标：传统的企业内部控制体系建设和运行是为了合理地保障财务报告、运营和合规目标的实现。

风险管理针对战略、绩效目标：风险管理体系的设计和运行是为战略和绩效目标的合理实现提供保障。

（五）选取视角不同

内部控制多基于当下和过去视角：虽然内部控制又可分为发现性控制和预防性控制，但内部控制的视角主要是基于当下和过去的控制而言。

风险管理基于未来视角：风险管理则不同，每时每刻都是关注未来的风险变化。

（六）实施阶段不同

内部控制多用于实施阶段：内部控制的制度和流程都是针对实施和执行阶段的风险控制；

风险管理多用于决策阶段：决策阶段考虑未来的不确定性最多，是风险管理可以发挥最大效用的地方。

（七）管理内容不同

内部控制侧重确定性：内部控制是针对识别确定出的需要进行风险控制的点，施加确定性的控制，管理是以确定性为主要内容，虽然控制的效果有时也会有一定的不确定性。

风险管理侧重不确定：风险管理的实质是管理不确定性，风险管理的过程也是将对目标有影响的不确定性进行识别、管理、应对，使其处于可接受状态的过程。

（八）体现方式不同

内部控制侧重形：由于内部控制的工作对象是针对有形的企业制度、流程，所以内部控制本身也比较显性化、比较好把握，有的企业觉得内控操作性好就是这个原因。

风险管理侧重神：风险管理则不同，纯粹有形的制度和流程还不足让企业可以在所有的风险面前游刃有余，企业还有很多软性的管理要素并不是制度和流程可以全面覆盖的，如企业文化、价值观等。另外，企业制度和流程的建立需要有一个方向的引领，而风险管理侧重的神正是提供了这些内容。

给企业“看病”多年，发现和中医给人看病有很多相似的地方，内部控制好比中医中的“阴”，侧重物质属性，有形；而风险管理更像“阳”，侧重功能属性，有“神”的引领作用。如此看来，医人医企道一也！

上面提到这些是结合自身经验的一点思考，不排除有一定的局限性，希望分享给大家从而保持一种开放性，促进让大家共同来思考、补充、讨论、交流！

第9篇　为什么说战略和目标设定不属于内部控制范畴

有一次有个从业者学习2013年版COSO《内部控制——整合框架》时，看到其中在阐述风险评估要素中有一段话：

"战略和目标设定不属于内部控制流程"……

他问，中国的内部控制指引文件中有战略管理要求，难道中西方在这方面还不统一？

能够提出这样的问题，说明学习还是比较认真，这个问题让笔者想起了当时中国内部控制文件出台时的一些记忆，这背后确实有一段故事，还需要从头讲起。

21世纪初，美国资本市场经历了一场危机，出现了一批包括安然、世通、施乐、默克等著名企业财务造假和经营失败的案例。当时，COSO最有影响力的文件是其1992年发布的《内部控制整合框架》，也是美国证监会要求所有在美国上市的上市公司必须要遵循的一个框架。

COSO认为，即便在这些公司建立了完善的内部控制体系，也无法有效预防一些企业的经营失败，走向破产。

到底差在哪呢？

如果内部控制不能解决这些问题，一定是因为内部控制这个体系本身的局限性或者其所能解决问题的范围有限，要想更好地解决这些问题，那就需要有一个比内部控制更加宽广和包容的体系才可以。

2004年，COSO提出了企业风险管理的理论框架，没错，COSO在当时就是认为如果一个企业战略出了问题、经营方向出了问题，内部控制对此无能为力，而只能寻求其他解决方案，找来找去，COSO终于把主体找到了企业风险管理（Enterprise Risk Management，ERM），我们翻译过来称为全面风险管理。

我们今天讲，企业风险管理包含内部控制、内部控制是企业管理风险的重要手段之一，是没有问题的，但在十几年前，有很多人会提出异议。

对此，COSO也应该负有一定责任，为什么？

从1992年COSO的内部控制框架开始，5要素立方体（cube）的概念就被广泛地认知，到了2004年COSO编制ERM框架，还是采用的立方体的框架模式，只不过从之前的5要素，改成了8要素。

既然有些问题内部控制解决不了，改成了风险管理，那必定有之前体系不具备的东西，也就是说，你认为企业风险管理比内部控制厉害，那企业风险管理体系一定要比内部控制要求的内容更多、更高才可以。要不然，就是新瓶装旧酒。目的虽然很明确，但是新酒到底该怎么酿、应该是什么味，没人知道。

因此，为了显示风险管理比内部控制的作用更大，就在之前的立方体上开始添加新元素。

首先，在风险评估之前加入了一个“目标设定”要素；其次，将风险评估要素前后各加入“事件辨识”和“风险反应”，让风险管理的链条更完整；最后，在顶层目标层加入了新目标：战略目标。这就是2004年出版的企业风险管理框架和1992年内部控制框架的主要区别。

在当时，很多人看到这个框架都会得出一个结论，那就是8要素企业风险管理是5要素内部控制的升级版，因为这“两兄弟”长得实在太像了。

1992年的内部控制框架有三个目标：运营目标、财务报告目标、合规目标，其中最重要的一个是“财务报告目标”，财务报告的真实、准确、可靠，对于上市公司来讲，是最基本也是最重要的一个目标。但是，COSO也明白，内部控制做得好，不代表公司一定能发展得好。好比内部控制是要造一台机器，但用这台机器干什么、怎么干，并不关这台机器的事。

所以，企业做什么决策、定什么目标并不是内部控制能够覆盖的内容，而这些，都和企业的风险偏好相关，应该属于风险管理的内容。

即便是COSO在2013年修订的内部控制框架文件中，其还是一直坚持，定战略和设目标是开展内部控制的基础，而不属于内部控制这套体系本身。

我们把视线回到国内。

2008 年，财政部发布了《企业内部控制基本规范》，采用的是 1992 年 COSO 内部控制框架的 5 要素模型。

但是，在引进的时候，我们也进行了修改，最大的变化就是顶部的目标层，从之前的“3 目标”扩展成了“5 目标”，增加了战略目标和资产安全目标。这样的变动在当时文件公开征求意见的时候，也是争议最大的部分。

这也不奇怪，因为在 2008 年的时候，很多人分不清风险管理和内部控制之间的区别，也有很多专家认为两个体系是一样的，只不过叫法不同而已。按照 COSO 框架的观点，内部控制体系要实现的目标并不包含战略和目标设定部分，而战略和目标设定属于风险管理体系，2017 年 COSO 更新版的企业风险管理框架，更是强化了这一点，单独将“战略和目标设定”列为一个要素。

那不管是 COSO 的观点还是财政部的内部控制基本规范，从企业管理来讲，内部控制和企业战略与目标到底是什么关系？内部控制能不能包含这些内容？要搞清楚这个问题，我们必须顺着内部控制和风险管理继续往上找，找到更高层的依据，所谓的这两个体系的“上位法”。

那就是确定性与不确定性。

内部控制需要控制的是确定性问题，而风险管理需要管理的是不确定性，即风险。之前，为了解释这个问题，笔者曾画过一个过去 Vs 未来三角形（如图 4.9.1 所示），用以说明在时间的纵向维度下，我们所处的环境正在由确定性为主转向不确定性为主。

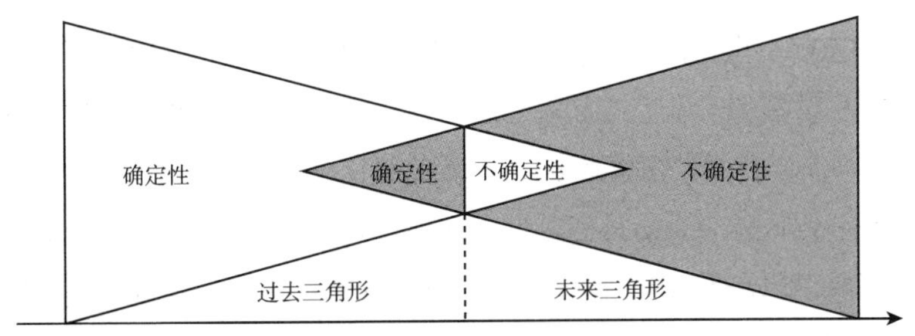

图 4.9.1　过去三角形 VS 未来三角形

其实，在企业管理的纵向维度下，也有一个管理层级的确定性 VS 不确定性三角如图 4.9.2 所示。

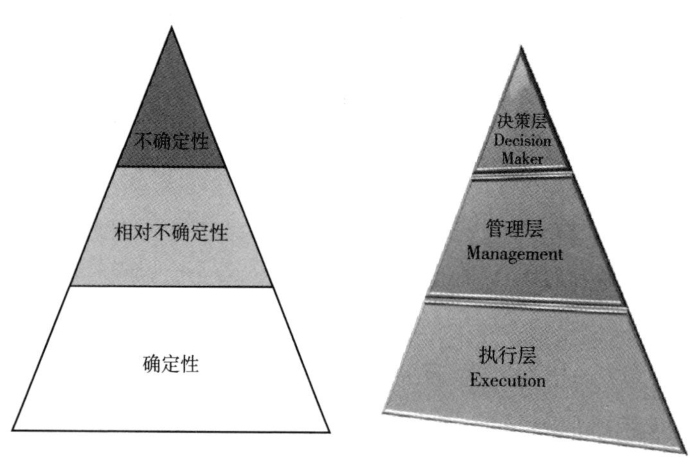

图 4.9.2　不确定性层级

如果做个简单的对照，这个三角形对应的分别是企业管理的战略层、经营层和运营层，级别越高的管理者，面对和处理的不确定性越高，级别越低的人员，面对的都是确定性问题。内部控制以规则为依托，解决确定性问题，而风险管理最重要的是判断和决策，应对不确定性。

因此，越高层的人越有能力也有责任管理风险，越往下进入运营和实施层，越注重对管理规则的遵从性。

这并不是说规则对战略层不重要，而是越往上，规则越会变为基础保障，服务于内容。有很多发展迅猛的企业关键决策层一开始并不重视建立管理规则，也获得了巨大成功，这是因为如果把握住了趋势或站在风口，不用你自己走，也会被大势推着走，但这并不能体现这些企业家的全部能力。反而那些能够逆势而上，在缝隙中寻找机会，建立企业确定性和把握不确定性两种能力并用的企业家，更值得关注。

一个企业的员工，他/她的重要程度最主要的就是要看他/她的工作内容中有多少是需要处理不确定性的内容，这很大程度上决定了这个岗位的不可代替性。从管理层级来看，越往上，风险管理体系对其的支撑越大；越往下，内部控制体现的作用越强。因此，一个企业在设定战略和目标时需要考虑的不确定性内容非常多，这个时候，应该是风险管理发挥作用的时候，而内部控制对其支撑有限。

中国企业内部控制配套文件中，虽然也有战略管理的内部控制要求，但是，实事求是来讲，内部控制对于战略管理的意义，是在于战略制定和实施的步骤和流程是否符合内部控制的要求，而战略制定和目标设置的好坏并不属于内部控制管辖的范畴。

从上面的分析来看，我们认为，把战略和目标设定划分到内部控制以外，归入风险管理体系是合理的，供参考。

第10篇　内部控制中的“风险”和风险管理中的“风险”有何异同

近些年来，由于企业经营环境的剧烈变化，企业界对风险话题的关注度越来越高，企业管理领域对风险的认识也越来越深入，掀起了一场以风险为视角、重新定义现有各管理活动的热潮：

以风险为导向的质量管理体系；

以风险为导向的审计管理体系；

以风险为导向的合规管理体系；

以风险为导向的内部控制体系；

……

也许，只有风险有这个担当，可以构建这样的底层逻辑，让各类管理体系可以以此出发来生长发展，就像德鲁克说的那句话：

“风险就是商业的本质，企业的基本职能就是承担和追逐风险。”

那么什么是风险导向？

因为企业的风险和收益是对应关系，所以风险导向其实也是变向的收益导向，就像之前举例的，三道防线就是一场足球赛，想要在球赛中取得胜利，到底是努力进攻让自己一方多进球？还是努力防守让对方少进球？其实是一样的，都对胜负都起着关键作用。

有人说风险有纯粹风险和投机风险，纯粹风险只有损失可能，没有收益可能，需要分开讨论。如果单纯从微观风险导致的结果来看，是可以这么来讲的，但是我们之前说过：

没有人会承担莫名的风险，也没有人应该不承担风险而获益。

从整体来看，每一个风险（即便是纯粹风险），都应该对应着一份收益，所谓纯粹风险只不过是将风险和收益拉开了一定距离，模糊了和收益的对应关系而已。

如果以更高的视角来看，没有纯粹风险这一说。所谓纯粹风险都是为了获取收益而必须要承担的。只不过，有时候这种承担会以一种成本的方式体现，其实，它不仅是成本，而是直接影响净利润的可变要素。

言归正传，内部控制体系中的风险和风险管理中的风险到底有什么异同?

首先，内部控制是企业风险管理的一部分，建立内控的目标是什么？当然是控制风险。要想搞清楚两者面对的风险对象，我们需要先明确一下两项工作的站位和视角。举一个例子，前些年，中央企业每年都要起草一年一度的风险管理报告和内部控制评价报告。2019 年国务院国资委发布《关于加强中央企业内部控制体系建设与监督工作的实施意见》中的风控整合要求，两个报告合二为一了。

我们以 2019 年为例，2019 年 4 月 30 日，某企业内部控制完成的是《2018 年 × ×集团内部控制评价报告》，而风险管理完成的则是《2019 年 × ×集团风险管理年度报告》。

可以从这两份报告看出，内部控制评价是面向过去的，而风险管理是面向未来的。

风险是什么?

风险的本质是不确定性。

而不确定性在哪里?

不确定性在未来，是一个和时间 t 紧密关联在一起的函数，随着时间的推移，不确定性会慢慢降低，变得确定（如图 4. 10. 1 所示）。

风险管理真正关注对不确定性的把握，关注决策，是面向未来的，这里的风险是不确定性程度最高的。而内部控制关注的是相对确定性的控制，关注实施和执行，是面向当下和过去的，所以控制措施又可以分为预防性控制和发现性控制。

内部控制所谓的风险导向，其实是在企业管理未来不确定性带来风险的时候，通过各种风险管理的手段处理后，将可以通过内部控制解决的部分留给内部控制，而内部控制工作的前提和目标就是管理这些“剩余风险”。此时，这些剩余风险已经去除了一大块不确定性，变得相对确定了，但它仍旧是风险，因为只要还有一丝不确定的成分在，它就还是属于风险的范畴。

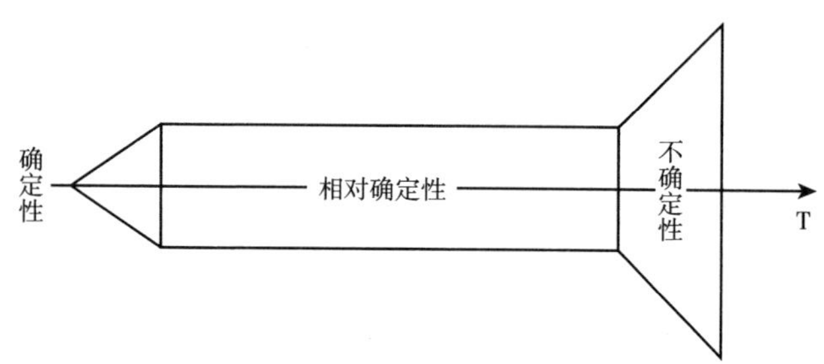

图 4.10.1 随时间变化的确定性与不确定性

因此，内部控制做得好，并不能代表风险管理做得一定好，也不能保证一定不出风险，只能说明分给内控的这部分剩余风险管理得好。而在内部控制之前的那些风险处理过程，才是真正体现水平的。但是，对于有些风险来说，前期的风险处理并不好把握。

因此，内部控制是我们能把握的部分，是用来提高组织确定性的，应该做到最好才对。这就是用组织的确定性来应对外部的不确定性。

每个内控流程中，还有基于内控环节和关键控制点的风险矩阵，那个罗列的风险是什么？

那是确定程度更高的操作环节中的风险，一般判断这类风险的标准比较明确，主要是依照标准来设计和执行即可。

那么一旦所有的不确定性都消失，变为确定之后，还有风险吗？

没有了，如果变为确定性之后，就变成了问题，问题需要解决，不需要管理和控制。

但是，问题如果不解决，它可能又会追上时间，跑在前面去等我们！

第11篇　不相容岗位分离，所有中国企业都要补的基本功

一、不相容岗位分离起源

不相容岗位分离（segregation of duties，SOD）原则是内部控制的重要组成部分，探讨的是如何利用内部职能的划分更好地实现内部牵制（internal check），即形成一定的权力制约和平衡，内部牵制思想也是内部控制发展的原点。

如果再扩展一下，内部牵制思想也是西方三权分立思想的来源。17世纪英国哲学家洛克首次提出后，法国启蒙思想家孟德斯鸠在1738年出版的《论法的精神》中，系统地论述了分权和牵制思想，40年后，这种思想被作为一条基本原则写入了美国宪法。

因此，西方企业内部控制中的牵制思想和分权制衡从源头上是一脉相承的。

企业中最古老的不相容岗位就是财务出纳和会计，这种分权的制度更是可以追溯到几千年前的国家财政治理领域。

二、企业不相容职务分离的相关要求

不相容岗位的要求是企业风险管理和内部控制中最基本的要求，但是目前中国企业缺乏比较完善的按照不相容岗位进行业务设计的指导原则。我们汇总了几个主要的提出不相容岗位分离要求的政策文件给大家看一下。

（一）《中央企业全面风险管理指引》

第三十四条　建立重要岗位权力制衡制度，明确规定不相容职责的分离。主要包括：授权批准、业务经办、会计记录、财产保管和稽核检查等职责。对内控所涉及的重要岗位可设置一岗双人、双职、双责，相互制约；明确该岗位的上级部门或人员对其应采取的监督措施和应负的监督责任；将该岗位作为内部审计的重点等。

（二）《企业内部控制基本规范》

第二十九条　不相容职务分离控制要求企业全面系统地分析、梳理业务流程中所涉及的不相容职务，实施相应的分离措施，形成各司其职、各负其责、相互制约的工作机制。

（三）《中华人民共和国会计法》

第二十七条　记账人员与经济业务事项和会计事项的审批人员、经办人员、财物保管人员的职责权限应当明确，并相互分离、相互制约。

（四）《企业会计控制规范—基本规范》（已废止）

第七条　内部会计控制应当保证单位内部涉及会计工作的机构、岗位的合理设置及其职责权限的合理划分，坚持不相容职务相互分离，确保不同机构和岗位之间权责分明、相互制约、相互监督。

可以看出，和企业风险管理和内部控制相关的重要文件中都提到了不相容岗位的分离，但是都没有具体给出指导原则和结合各业务的操作指南。因此，目前为止，还有很多企业对这样的一项基本控制设计内容不了解。

2001 年财政部发布了《企业内部会计控制规范》，随后几年又接着发布了 6 个重点业务环节的会计控制试行规范，这里面明确提出了几个业务会计控制的不相容岗位的分离，但遗憾的是，这套试行规范随着《企业内部控制基本规范》的起草还没有来得及转正就在 2006 年 8 月被废止了。

2008 年《企业内部控制基本规范》正式发布之前，曾发布过几个版本的征求意见稿，当时的18项内部控制《应用指引》还被称为《具体规范》，在征求意见中包括了关于不相容岗位设置的具体章节，但是在正式文件发布时却删除了这部分内容。

因此，到目前为止，很多企业并不清楚内部控制中不相容岗位分离的要求。

从这些政策内容上来看，不相容岗位还是侧重在职务和岗位人员的分离，对承担不相容职责的机构需分离也有提及。

三、从常识和企业管理上理解不相容岗位

我们平时经常说起一种不合理的现象：既当裁判员，又当运动员！意思是自己制定规则、自己执行规则，运动员成绩怎么样，自己说了算，这是明显很不合理的设计。

这里的裁判员和运动员就是不相容岗位，就像审计部既要负责风险管理体系的建设运行、又要负责风险管理体系的监督，主导体系建设运行，相当于运动员，而监督职能相当于裁判员，也是明显不合理的。

我们再把它提高一个层级，从企业管理的角度来看，管理活动基本可以划分为决策、执行、监督三个大环节，再划分细一些，可以分为决策、执行、评估、监督、考核，这几个环节从管理学的角度，应该由不同的职能来承担，如果合并了其中的两个或更多的环节，管理上很容易出问题。

四、重点环节的不相容岗位设置

大到一个企业的战略管理，小到一个企业采购一批零散物资，不相容岗位分离这项管理原则都是适用的。

以下列举十个内部控制重点环节的不相容岗位设计原则供大家参考。

（一）货币资金业务的不相容岗位，至少应当包括：

（1）货币资金支付的审批与执行；

（2）货币资金的保管与盘点清查；

（3）货币资金的会计记录与审计监督；

（4）出纳人员不得兼任稽核、会计档案保管和收入、支出、费用、债权债务账目的登记工作。

（二）企业采购与付款业务的不相容岗位，至少包括：

（1）请购与审批；

（2）询价与确定供应商；

（3）采购合同的订立与审核；

（4）采购、验收与相关会计记录；

（5）付款的申请、审批与执行。

（三）存货业务的不相容岗位，至少包括：

（1）存货的请购与审批，审批与执行；

（2）存货的采购与验收、付款；

（3）存货的保管与相关会计记录；

（4）存货发出的申请与审批，申请与会计记录；

（5）存货处置的申请与审批，申请与会计记录。

（四）对外投资不相容岗位，至少应当包括：

（1）对外投资项目的可行性研究与评估；

（2）对外投资的决策与执行；

（3）对外投资处置的审批与执行；

（4）对外投资绩效评估与执行。

（五）工程项目业务不相容岗位，一般包括：

（1）项目建议、可行性研究与项目决策；

（2）概预算编制与审核；

（3）项目决策与项目实施；

(4) 项目实施与价款支付；

(5) 项目实施与项目验收；

(6) 竣工决算与竣工决算审计。

(六) 固定资产业务不相容岗位，至少包括：

(1) 固定资产投资预算的编制与审批，审批与执行；

(2) 固定资产采购、验收与款项支付；

(3) 固定资产投保的申请与审批；

(4) 固定资产处置的申请与审批，审批与执行；

(5) 固定资产取得与处置业务的执行与相关会计记录。

(七) 销售与收款不相容岗位，至少应当包括：

(1) 客户信用调查评估与销售合同的审批签订；

(2) 销售合同的审批、签订与办理发货；

(3) 销售货款的确认、回收与相关会计记录；

(4) 销售退回货品的验收、处置与相关会计记录；

(5) 销售业务经办与发票开具、管理；

(6) 坏账准备的计提与审批、坏账的核销与审批。

(八) 筹资业务的不相容岗位，至少包括：

(1) 筹资方案的拟订与决策；

(2) 筹资合同或协议的审批与订立；

(3) 与筹资有关的各种款项偿付的审批与执行；

(4) 筹资业务的执行与相关会计记录。

(九) 成本费用业务的不相容岗位，至少包括：

(1) 成本费用定额、预算的编制与审批；

(2) 成本费用支出与审批；

(3) 成本费用支出与相关会计记录。

（十）担保业务不相容岗位，至少包括：

（1）担保业务的评估与审批；

（2）担保业务的审批与执行；

（3）担保业务的执行和核对。

以上只是简单的参考，对于具体应用企业需要经过大量和实践结合的设计与考量，合并还是分离从具体业务角度并不是绝对必然，但从人性的角度出发，如果目前不具备分离的条件，要对风险暴露情况做到心中有数，适当采取补偿性控制。

我们不要生搬硬套某一项业务的不相容岗位设置内容，要理解了它背后的原理和逻辑，这样才能在需要根据实际情况重新设计时保持变通后的控制效果不变。

因为这项原则属于管理学中的控制要求，所以在内部控制体系中被提了出来，并汇总了这些不相容岗位。

五、不相容岗位需要分离到什么程度

不相容岗位的分离到底是不由同一个人担任？还是不由同一个部门担任？还是不能在同一个领导的管辖范围？

我们的答案是：视不相容事项的重要程度而定！没有一个固定的答案。

最基本的分离做到部门内部不同人就可以了！

但一些基层单位可能连这个基本要求也做不到，是不是一定不行？

不是，如果重要程度较低，运行较良好，一个人承担两个不相容职责也不是不可以，但要特别注重这个职责链条上其他职责的发挥，如监督问责和考核。

但对有些情况来说，可能同一个部门，甚至是同一个主管领导都不行。前一段时间，有一个规模很大的企业跟笔者讲，他们的财务总监同时兼任审计业务主管领导，问笔者可不可以，笔者说这是非常明显的控制缺陷，应该尽快改掉。

因此，需要分情况而定。

那在同一个部门下设风控、内控、法务、合规、审计等子部门、工作组、办公室行不行?

没有原则问题，关键是它的协同效用一定要大于监督的效用。

所谓的分离和制衡都要牵涉一个问题，就是“保证”资源的投入和对效率的制约，怎么可以做到合理可控的情况下成本和效率最优，需要每个企业自己寻找答案。

但是如果企业只一门心思往前冲，对控制的基本原则不管不顾，等尝到“失控”带来的苦果时，可能为时已晚!

六、缺口回补

财务领域的内部控制是最基础的一环，虽然是从财务角度对业务的风险管理来说还有点局限，但是基础打牢很重要。

我们将试行了几年的财务会计控制直接跨过，进入了业务内部控制时代，我们推行的内部控制侧重的是实质业务控制，而非西方内部控制中最初设计的财务内部控制，这点笔者在之前的东西方内部控制发展历程中解释过，如图 4. 11. 1 所示。

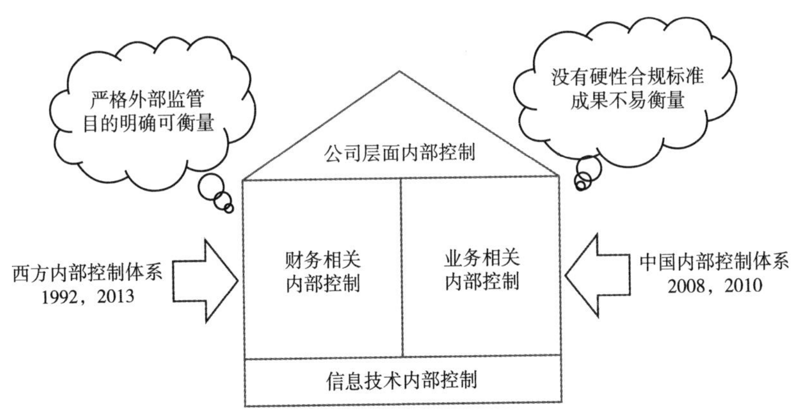

图 4. 11. 1　东西方内部控制

梳理下内部控制的发展脉络，即：

内部牵制→会计控制→内部控制→业务控制→管理控制

发展脉络中每一个环节都有其特殊含义，也有一定的内在逻辑性和前后发展顺序，我们目前的做法是将这些内容和步骤像捣糨糊一样杂糅在一起，看似什么都有了，实际上可能什么都做不好！

这些年在中国的资本市场中出现了很多财务造假事件，让我们看到个别企业对财务数据的操纵已经到了恣意妄为的地步，最基本的财务内部控制都是空白。

我们希望跳空高开，但就怕欲速则不达，需要把握客观规律后从顶层设计，要不然，这些缺口在未来一定是要回补的！

参考文献

[1] COSO. Enterprise Risk Management – Integrating with Strategy and Performance [R]. 2017.

[2] COSO. Enterprise Risk Management – Integrated Framework [R]. 2004.

[3] COSO. Internal Control – Integrated Framework [R]. 2013.

[4] COSO. Internal Control – Integrated Framework [R]. 1992.

[5] ISO. Risk Management – Guidelines [S]. 2018.

[6] ISO. Risk Management – Guidelines [S]. 2009.

[7] GB/T 24353 风险管理——指南 [S]. 2009.

[8] GB/T 24353 风险管理——指南 [S]. 2022.

[9] 财政部会计司. 企业内部控制规范讲解 [M]. 北京：经济科学出版社，2010.

[10] [加] 约翰·弗雷泽，[美] 贝蒂·西姆金斯，克里斯蒂娜·瓦埃斯. 企业风险管理——全球最佳实践与案例精选 [M]. 孙友文等译. 北京：经济科学出版社，2021.

[11] 孙友文. 国有企业风控融合体系案例与实践 [M]. 北京：经济科学出版社，2022.

[12] [美] 彼得·伯恩斯坦. 与天为敌——风险探索传奇 [M]. 穆瑞年，吴伟，熊学梅，译. 北京：机械工业出版社，2010.

[13] [美] 弗兰克·H. 奈特. 风险、不确定性和利润 [M]. 郭武军，译. 北京：中国人民大学出版社，2005.

[14] 黄卫伟. 价值为纲 华为公司财经管理纲要 [M]. 北京：中信出版社，2017.

[15] [美] 丹尼尔·卡尼曼，保罗·斯洛维奇，阿莫斯·特沃斯基. 不确定状况下的判断：启发式和偏差 [M]. 方文，译. 北京：中国人民大学出版社，2013.

[16] 娄伟. 情景分析理论与方法 [M]. 北京：社会科学文献出版社，2012.

[17] 宋明哲. 现代风险管理 [M]. 北京：中国纺织出版社，2003.

[18] 段开龄. 风险管理教育的发展 [M]. 北京：新华出版社，1999.

[19] 黄津孚. 机遇及机遇管理——理论与方法 [M]. 北京：科学出版社，2010.

[20] 休·考特尼等著. 不确定性管理 [M]. 北京：中国人民出版社，哈佛商学院出版社，2000.

[21] [英] 查尔斯·汉迪. 超越确定性 [M]. 周旭华，译. 杭州：浙江人民出版社，2012.

[22] [比] 伊利亚·普里戈金. 确定性的终结 时间、混沌与新自然法则 [M]. 湛墩，译. 上海：上海科技教育出版社，2018.